8°R
/18555

R
18555

DU MÊME AUTEUR

La Vérité. — PENSÉES. 1 volume. (Cayer).............. 3 »

Traité de Diction. 2 volumes. (Delagrave).
    TOME I. — *Diction claire et correcte*............... 3 50
    TOME II. — *Diction expressive*.................... 3 50

Dictionnaire de la Prononciation française. 1 volume. (Firmin-Didot et Cie).......................... 6 »
    Ce volume contient la Note de M. Gréard présentée à la Commission du Dictionnaire de l'Académie française.

Observations préliminaires sur la Réforme de l'Orthographe française. 1 vol. (Firmin-Didot et Cie)........ 1 »

Conseils aux Avocats et aux Professeurs sur la Diction. 1 vol. (Giard et Brière)........................ » 50

La Méthode dans les Sciences expérimentales (Contribution à l'étude de). *Bibliothèque des Méthodes dans les Sciences expérimentales.* 1 vol. (Schleicher frères)..... 5 »

La Méthode dans les Choses de la vie courante. — LOGIQUE, PSYCHOLOGIE. — TOME I. — *A propos d'une affaire récente* (*Affaire Dreyfus*). 1 vol. (Schleicher frères)..... 2 50

Projet d'Organisation de la Science. (Schleicher fr.) » 50

La Musique des Couleurs et les Musiques de l'avenir. *Bibliothèque des Méthodes dans les Beaux-Arts.* 1 vol. (Schleicher frères).............................. 1 50

L'Organisation de la Science. *Bibliothèque des Méthodes dans les Sciences expérimentales.* 1 vol. (Schleicher frères). 6 »
    LEÇONS PROFESSÉES A LA SORBONNE (COURS LIBRE, 1898-99).

EN PRÉPARATION

Introduction à l'étude de la Médecine expérimentale, de Claude Bernard. — Annotations et commentaire. (*Bibliothèque d'Histoire des Méthodes*).

La Méthode en Agronomie. (*Bibliothèque des Méthodes dans les Sciences expérimentales*).

La Méthode en Désinfection. (*Bibliothèque des Méthodes dans les Industries*).

La Méthode dans l'art de la Diction. (*Bibliothèque des Méthodes dans les Beaux-Arts*).

La Méthode dans la Discussion juridique.

Psychologie du Comédien. — **Le point optimum en Biologie.**

Eléments de Physique. — **Philosophie des Sciences.**

LOUIS FAVRE

Directeur de la "Bibliothèque des Méthodes dans les Sciences expérimentales"

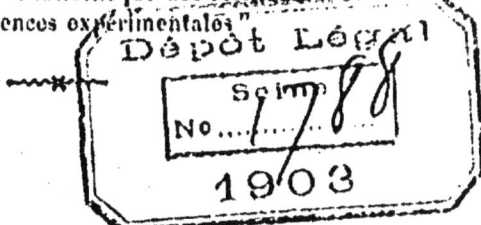

L'ESPRIT SCIENTIFIQUE

ET LA

MÉTHODE SCIENTIFIQUE

PARIS

LIBRAIRIE C. REINWALD

SCHLEICHER FRÈRES et Cie, ÉDITEURS

15, RUE DES SAINTS-PÈRES, 15

—

1903

Tous droits réservés.

TABLE DES MATIÈRES

                                                                            Pages

La Science, l'Esprit scientifique et la Méthode scientifique.. 5

L'Esprit scientifique :

    Définitions.. 8

    Ce qu'il n'est pas.. 10

    Ce qu'il est.. 30

    Comment l'enseigner et le produire...................... 49

    Chez qui on le trouve..................................... 63

    Ce qu'il doit être et doit faire (rôle, utilité)............ 67

Résumé.. 76

LA SCIENCE, L'ESPRIT SCIENTIFIQUE
ET LA MÉTHODE SCIENTIFIQUE

Tout se tient dans le monde : tout a un fond commun, les lois naturelles, qui lient et règlent et la nature et l'homme, produit de la nature. Tout se tient dans le monde : la nature et l'homme, l'esprit humain et les produits de l'esprit humain (sciences diverses, industries, arts ou beaux-arts, etc.). Tout se tient : l'esprit humain et les produits de l'esprit humain, dont la production ne peut être expliquée que si l'on connaît déjà l'esprit humain et les conditions de son action. Tout se tient : l'esprit humain et ses produits; et aussi ces produits se tiennent entre eux, ils ont un lien commun, l'esprit humain producteur. Ainsi les sciences (scientifiques et littéraires), les industries, les arts ou beaux-arts, etc., ont une source commune, l'esprit qui les crée et qui est un.

« En changeant de sujet, l'esprit ne change pas de nature, et, si quelque diversité dans les procédés mis en œuvre semble devoir résulter de la diversité des objets qu'il étudie, les voies suivies par lui sont, en fin de compte, partout les mêmes, ici plus ouvertes, là moins accessibles, mais sans différences essentielles. » (Liard).

« Toutes les sciences réunies ne sont rien autre chose que l'intelligence humaine, qui reste toujours une, toujours la même, si variés que soient les sujets auxquels elle s'applique, et qui n'en reçoit pas plus de changement que n'en apporte à la lumière du soleil la variété des objets qu'elle éclaire. » (Descartes).

L'ensemble de toutes les sciences, et plus généralement de tous les objets que l'esprit humain peut embrasser, se nomme « la Science » dans le sens large du mot, et l'esprit qui fait la science est « l'Esprit scientifique ». La voie suivie par l'esprit scientifique dans sa marche vers la vérité — ainsi, d'ailleurs, que la manière de suivre ou parcourir la voie — est appelée « Méthode scientifique ».

Tout se tient dans la nature.

« L'univers, pour qui saurait l'embrasser d'un seul point de vue, ne serait, s'il est permis de le dire, qu'un fait unique et une grande vérité. » (D'Alembert.)

Et le but de la science est de chercher le lien qui relie toutes choses, c'est-à-dire la loi ou les lois qui s'imposent aux faits et les unissent dans et par leur réseau.

Une fois les liens connus, on les utilisera pour le plus grand bien de l'humanité. De la connaissance on passera à l'action (ce que l'esprit scientifique doit nous apprendre aussi à faire). On pourra commander à la nature en se soumettant à ses lois. Il faut savoir pour pouvoir, et pouvoir pour préagir ou préparer l'action utile.

Tout se tient dans la science et dans les sciences.

« Toutes les sciences sont tellement liées ensemble qu'il est bien plus facile de les apprendre toutes à la fois que d'en apprendre une seule en la détachant des autres. » (Descartes).

L'Esprit scientifique est le même partout, qu'il s'agisse de sciences proprement dites, de sciences littéraires, ou d'autres connaissances encore. Partout, dans tous les domaines, le chercheur doit posséder les mêmes qualités, employer la même Méthode scientifique. Et, lorsque je parle d'Esprit scientifique, je suis fort embarrassé de savoir si c'est de sciences proprement dites ou de sciences littéraires que je m'occupe : c'est seulement de Science tout court.

DÉFINITIONS

Il est un souffle qui anime le savant, qui pousse le chercheur à la poursuite de la vérité, si difficile qu'elle soit à atteindre, et le fait s'éloigner de l'erreur. Ce souffle, c'est l'esprit scientifique.

Il est des qualités, privilèges de quelques hommes, qui rendent celui qui les possède, ou en est possédé, apte à la poursuite de la vérité, propre au travail de recherche, qui lui permettent d'aller vers la clarté, de lever le voile qui recouvre la vérité et la cache à nos regards ainsi qu'à la lumière. Ces qualités de l'esprit — et aussi du cœur — font dire de celui qui les possède qu'il a l'esprit scientifique.

Les qualités sont des tendances qui ne seraient rien — ou, mieux, que rien ne décèlerait —, si elles ne se manifestaient par des actes, par des pratiques. Et ces pratiques ne sont que les applications de certaines règles, énoncées ou non, connues déjà ou encore inconnues, dont l'ensemble est nommé « la Méthode scientifique ». Celui qui applique les règles de la méthode scientifique, celui-là possède l'esprit scientifique.

A considérer les faits avec un peu d'attention, on aperçoit vite que Méthode scientifique et Esprit scientifique sont deux aspects différents de la même chose (1) : l'un étant en quelque manière l'aspect objectif, l'autre, l'aspect subjectif.

Pour le voir, il suffit de poser les définitions suivantes :

« La Méthode scientifique est l'ensemble des moyens et règles qui permettent d'atteindre le but de la science, c'est-à-dire de découvrir la vérité et repousser l'erreur. »

« L'Esprit scientifique est le genre d'esprit qui permet d'atteindre le but de la science. »

Autrement dit : en considérant l'objet étudié, « la Méthode scientifique est l'ensemble des moyens employés par l'esprit scientifique » ; et, en considérant le sujet pensant, « l'Esprit scientifique est l'esprit de celui qui emploie la Méthode scientifique. »

---

(1) Aussi, parler de l'un, c'est parler de l'autre. En traitant de l'Esprit scientifique, nous traitons nécessairement de la Méthode scientifique.

CE QU'IL N'EST PAS

Pour savoir et pour dire ce qu'est l'Esprit scientifique, ce genre d'esprit qui permet de faire avancer la science, on peut s'y prendre de deux façons différentes. Premièrement, on peut l'établir *a priori*, en partant de principes *a priori*. Secondement, on peut l'établir *a posteriori*, en étudiant les savants, en observant et analysant ce qu'ils ont fait et ce qu'ils ont dit sur le sujet, en recherchant les qualités qu'ils ont eues et les moyens ou méthodes qu'ils ont employés pour faire avancer la science.

C'est la seconde manière d'étudier l'esprit scientifique que j'ai employée, lorsque j'ai voulu connaître le sujet, et aussi lorsque j'ai voulu réunir et présenter ici les notes recueillies.

L'esprit scientifique est constitué, en particulier, par un ensemble de qualités et par l'absence des défauts correspondants. On aurait pu alors, logiquement, étudier la même chose sous la rubrique du défaut (« ce que l'esprit scientifique n'est pas ») ou sous la rubrique de la qualité opposée (« ce que l'esprit scientifique est ».) Mais, les rubriques qui se rapportent au sujet, étant bien connues de tout le monde, je les ai adoptées telles que l'usage les fournit, afin d'être facilement compris. J'ai ainsi adopté, dans mon étude, la division — peu soutenable logiquement, mais courante — établie entre les défauts de l'esprit non scientifique et les qualités de l'esprit scientifique ; et j'ai séparé « ce que l'esprit scientifique n'est pas » de « ce qu'il est ». Par exemple, j'ai traité les deux rubriques classiques du « doute » et de l'« autorité scientifique », quand, logiquement, on aurait pu supprimer l'une des deux.

De même que l'esprit scientifique a pour base — pour principe de vie, pourrait-on dire — l'amour de la vérité, l'esprit antiscientifique a pour base l'absence ou la débilité, l'indigence de cet amour. L'attitude de l'esprit humain est changée, quand la base indiquée change ou est différente.

L'attitude préparatoire (qui prépare à la recherche) se trouve faussée par l'absence de l'amour du vrai, et les règles de méthode observées dans la poursuite le sont aussi.

L'esprit scientifique n'est pas l'esprit d'autorité — est opposé à l'esprit d'autorité —, il n'est pas l'*esprit mystique*, il n'est pas l'*esprit métaphysique*, etc.

L'esprit scientifique s'oppose à l'*esprit d'autorité*, — que l'autorité en laquelle on a foi soit humaine ou divine.

Si la vérité est ce que j'aime par dessus tout, je veux que ce soit elle, et non sa contrefaçon, que je possède. Toute proposition qui se prétend vraie, et demande, comme telle, à être admise dans le domaine de la science, je veux qu'elle apporte avec elle ses moyens de preuve, les moyens permettant de prouver la justesse de sa prétention. Que nous importe que tel homme ou tel livre — sacré pour les croyants de telle religion, mais non pour ceux des autres —, que Pierre ou Jacques, que Aristote ou tel autre ait dit « la chose est vraie », si nous savons que jamais aucune preuve de la vérité n'a été fournie. Rien ne vaut contre les preuves ; rien ne vaut même sans les preuves. Les hommes et les dieux auxquels certains attribuent une autorité scientifique incontestable ont eu des raisons pour affirmer ; ces raisons, qu'ils nous les donnent : c'est à elles, à elles seules, que nous accorderons l'autorité scientifique.

Chacun de nous ne peut avoir la prétention de vérifier par lui-même toutes les affirmations scientifiques existantes, ni seulement toutes les affirmations scientifiques qu'il tient pour vraies : le temps et la compétence lui manqueraient pour le faire. Mais, dans la façon de se comporter en cas de non-vérification, il existe des différences essentielles et nettes entre le véritable homme de science et l'homme de foi ou d'autorité.

Celui qui a l'esprit scientifique n'admet pas pour incontestablement vraie une proposition qui avoue ne jamais avoir apporté de preuve scientifique en sa faveur à aucun juge compétent. L'homme de foi ou d'autorité tient pour incontestablement vraie la proposition qui n'a jamais eu pour elle d'autre preuve que la parole qui fait foi.

Quand les preuves ont été fournies à des hommes compétents, qui les ont tenues pour valables, l'erreur, quoique improbable, est cependant possible. Et celui qui a l'esprit scientifique attribue à l'affirmation qu'il n'a pu vérifier par lui-même (1) une probabilité plus ou moins grande, calculée en raison de la compétence plus ou moins grande de ceux qui ont opéré la vérification. Mais, jamais, cette probabilité accordée n'est telle qu'elle permette de repousser la preuve contraire. Celui qui, sur la foi d'une autorité, humaine ou divine, n'admet pas qu'on administre la preuve contraire à l'affirmation qu'il émet, celui-là n'a pas l'esprit scientifique.

Le doute qui attend les preuves est un élément important de l'esprit scientifique. La foi, humaine ou divine, qui croit fermement avant les preuves, qui repousse les preuves ou n'y croit pas, est un élément de l'esprit antiscientifique.

La foi en une autorité quelconque arrêterait l'essor de la science, si on la laissait commander. Ni les anciens, ni les modernes n'ont tout vu et tout dit ; ni les uns ni les autres n'ont vu d'une façon parfaite ce qu'ils ont vu, ni dit d'une façon parfaite ce qu'ils ont dit, comme le feraient des oracles qui seraient infaillibles.

---

(1) Si l'homme de science a pu juger par lui-même, dans un sujet de sa compétence, la valeur des preuves fournies, il peut attribuer à la proposition vérifiée une probabilité plus grande qu'il ne le ferait s'il n'avait pu ajouter la vérification faite par lui à celle faite par d'autres. Mais il ne pourra jamais attribuer à son jugement le caractère de l'infaillibilité. Tout jugement est sujet à révision, quand des raisons nouvelles se font jour.

« Il est étrange de quelle sorte on révère les sentiments des anciens. On fait un crime de les contredire et un attentat d'y ajouter, comme s'ils n'avaient plus laissé de vérités à connaître. N'est-ce pas là traiter indignement la raison de l'homme ? » (Pascal).

Quant aux modernes, moins ignorants cependant que les anciens, ils savent encore peu et mal.

Celui qui a l'esprit scientifique et demande des preuves, croit qu'il n'y a rien dans la nature qui doive rester toujours fermé à l'intelligence humaine, il croit qu'il n'y a aucun domaine dans lequel il soit possible de poser une affirmation et impossible, impossible pour toujours, d'apporter des preuves. L'homme actuel, en effet, n'est qu'un point dans le temps — ainsi que dans l'espace —. Toutes les générations humaines passées n'ont pu encore faire que bien peu de chose dans le domaine scientifique. « Nous n'avons été jusqu'ici que comme des enfants jouant sur le rivage de la mer et ramassant çà et là un caillou plus lisse ou un coquillage plus joli que les autres, tandis que le grand océan de la vérité s'étend mystérieux devant nous. » (Newton).

Le domaine de la science est petit encore, mais chaque jour il s'agrandit par de nouvelles conquêtes : jamais il ne s'étendra jusqu'à l'infini, mais il s'étend et il s'étendra indéfiniment (tant que l'homme vivra). Et l'on ne peut dire qu'une partie quelconque, si éloignée qu'elle soit — mais à une distance finie —, demeurera toujours en dehors du champ que la science peut atteindre et cultiver.

Il y aura toujours de l'inconnu ; mais on ne peut affirmer que telle chose sera toujours inconnaissable.

L'histoire de la science, qui est toujours utile à consulter, nous montre qu'il est dangereux de dire à la science : « Tu ne pourras jamais connaître ceci, tu ne pourras jamais faire cela ». Les affirmations d'impossibilité, fréquentes chez les esprits infirmes et naïfs, sont assez rares chez les esprits fermes et vraiment scientifiques. Elles sont là rares, mais d'autant plus instructives, quand, par exemple, ces affirmations, étant erronées, s'imposent à la plume d'un Auguste Comte ou d'un Pasteur, et dans les domaines où ces auteurs étaient le plus compétents. Elles sont instructives, parce qu'elles montrent la puissance du mirage trompeur. Si, en effet, des grands esprits ont cru voir qu'il serait toujours impossible de découvrir ou de faire des choses qui ont été découvertes ou faites peu de temps après qu'ils en eussent affirmé l'impossibilité, comment ne nous laisserions-nous pas attirer aussi ou pousser par le besoin d'affirmer, nous, esprits modestes et de moindre envergure, si l'on n'a pas soin de nous mettre en garde contre nos tendances fâcheuses.

Ni l'autorité d'un livre, ni l'autorité d'un préjugé, ni l'autorité d'un homme, ni l'autorité de tous les savants réunis pour affirmer la vérité d'une proposition ou l'impossibilité d'une action, ne doivent nous empêcher d'étudier et de critiquer les preuves fournies.

L'esprit scientifique s'oppose à ce qu'on nomme

parfois, d'une façon qui prête à la confusion, l'*esprit mystique* ou à la *croyance au surnaturel*.

Pour l'homme de science, tout ce qui est dans la nature est naturel, se produit conformément aux lois de la nature. (Et il croit cela jusqu'à preuve du contraire, bien entendu). De telle sorte que, lorsqu'un phénomène est affirmé, l'homme de science — au lieu de se demander s'il est naturel ou surnaturel — se demande seulement deux choses : 1° le phénomène existe-t-il réellement? et, si oui, 2° comment l'expliquer conformément aux lois naturelles?

Comme, à un moment donné du temps ou à un moment donné de l'évolution scientifique, nous ne connaissons qu'une petite partie de la nature, qu'une faible partie des lois naturelles, il y a parfois des apparences de désaccord, ou de contradiction même, entre les faits observés et les lois naturelles. Ainsi, le ballon s'élève dans l'air, et, par conséquent, s'éloigne de la terre, qui semble le repousser : voilà le fait observé. Et pourtant, c'est une loi que la terre attire tous les corps. Donc, contradiction apparente entre le fait observé et la loi.

Tout ce qui, par ses propres moyens, s'élève dans l'air, ou dans l'eau, ou dans un fluide quelconque, paraît le faire d'une façon surnaturelle — miraculeuse, pourrait-on dire —, pour celui qui ne connaît que la loi de Newton. Et le fait est tenu pour surnaturel par celui qui n'a pas l'esprit scientifique.

L'homme de science, loin de croire et d'invoquer

le surnaturel, lorsqu'il constate une contradiction apparente entre les faits observés et les lois connues, croit, au contraire, et conclut qu'il existe des lois inconnues et des faits inconnus qui entrent en conflit ou en concours avec les lois et faits connus.

Si la loi de Newton paraît contraire au mouvement d'ascension du ballon, le concours d'effets de la loi de Newton et du principe d'Archimède étendu s'accorde bien avec ce mouvement, et l'explique. Si la loi de Newton, strictement appliquée aux éléments d'abord connus, paraît contraire au mouvement de la planète Uranus tel qu'il est observé, Le Verrier ne conclut pas que les choses se passent là contrairement aux lois naturelles : il conclut qu'il doit y avoir un fait nouveau, un fait inconnu encore, qui expliquera la perturbation du mouvement, qui rendra compte du phénomène tel qu'il est observé, qui lèvera la contradiction. Et il découvre par le calcul la planète Neptune.

Tous les paradoxes vrais (suivant la nomenclature que j'ai proposée ailleurs (1) peuvent, et doivent, être expliqués d'une façon semblable à celle qui vient d'être employée dans deux exemples.

Cette proposition, que « tout ce qui se passe dans la nature se passe d'une façon naturelle », étant adoptée par tous les savants, peut servir de base à une entente sur un point où le désaccord semble exister. Il est des phénomènes extraordinaires, paradoxaux, parce qu'ils sont en apparence contraires

(1) Voir : *L'Organisation de la Science*, en particulier, p. 126 ; *La Méthode dans les Sciences expérimentales*, passim.

aux lois connues — phénomènes dits « occultes », « de spiritisme », etc. —, que certains refusent d'étudier, tandis que d'autres croient devoir les soumettre à l'étude pour savoir s'ils sont vrais ou faux.

Ceux qui ne veulent pas étudier ces phénomènes, semblent dire :

« Tout ce qui se passe dans la nature se passe conformément aux lois naturelles ;

« Or, si les phénomènes indiqués existaient réellement, ils se passeraient contrairement à telle loi connue ;

« Donc ils ne peuvent exister ».

A ceux-là, on peut répondre par l'exemple précédent du ballon qui s'éloigne de la terre contrairement à la loi de Newton.

Ceux qui veulent étudier ces phénomènes, semblent dire :

« Tout ce qui se passe dans la nature se passe conformément aux lois naturelles ;

« Or, si les phénomènes indiqués existaient réellement, ils se passeraient contrairement à telle loi connue ;

« Donc, s'ils existaient, ils se passeraient conformément à une autre loi inconnue, qu'il faudrait découvrir. »

Telle est leur conclusion scientifique.

Comme conclusion pratique, ils disent : « Cherchons successivement : 1° si le phénomène existe ; puis, s'il existe, 2° quelle est la loi inconnue — ou quel est le fait nouveau — qui permet de l'expliquer ».

L'esprit scientifique est quelquefois opposé à l'esprit *métaphysique* ou *métaphysicien*.

Pour moi, l'opposition ne me paraît pas telle qu'on ne puisse admettre la coexistence chez le même individu de l'esprit scientifique et de l'esprit métaphysique (1), et qu'on ne puisse recommander au même individu l'étude de la science et celle de la métaphysique.

Cette dernière étude a des avantages et des inconvénients. Voyons d'abord les avantages (2).

D'abord, le savant qui fait avancer la science, ne peut le faire que s'il a de l'imagination lui permettant de poser les hypothèses et de trouver les moyens de vérification. Et les recherches métaphysiques sont un excellent exercice d'imagination.

Ensuite, la recherche des causes et principes premiers et des fins peut faire surgir des questions que le savant s'exercera à poser sous la forme scientifique. Les catégories que la métaphysique étudie appartiennent aussi à la science : leur étude peut, et doit, conduire à des problèmes scientifiques. Et, par exemple, la quantité et la qualité ne sont pas seule-

---

(1) Si par « esprit métaphysique » on entendait, comme le faisait A. Comte, le genre d'esprit de l'homme qui veut et croit expliquer les phénomènes en invoquant — au lieu de lois — des entités chimériques, il faudrait dire que l'esprit métaphysique est chose déplorable et nettement incompatible avec l'esprit scientifique.

(2) On pourrait dire que les études de métaphysique sont à recommander à l'homme de science, non pas comme but, mais comme moyen ; non pas pour lui permettre d'atteindre la connaissance de l'absolu, mais pour lui permettre de mieux faire et mieux comprendre la science positive.

ment choses métaphysiques : elles sont encore choses scientifiques, dont le physicien, en particulier, fait une étude continuelle.

L'étude de l'absolu nous apprend à connaître et mesurer la relativité de toutes choses, des choses humaines, en particulier.

D'ailleurs, chacun de nous est métaphysicien : chacun, qu'il le veuille ou non, possède un système plus ou moins naïf de métaphysique, dont il tire plus souvent qu'il ne croit des conséquences scientifiques. Étudier la métaphysique, c'est se rendre compte de ses propres idées sur le sujet, et, par suite, s'armer contre les erreurs qui pourraient en provenir sans qu'on s'en doute. Étudier la métaphysique, c'est, pour chacun de nous, faire d'un métaphysicien sans le savoir, un métaphysicien qui sait l'être.

L'étude de la métaphysique a des avantages et des inconvénients. Pour celui qui a vraiment l'esprit scientifique, cette étude n'a que des avantages. Pour celui dont l'esprit scientifique est mal trempé, cette étude peut avoir des inconvénients, et des inconvénients dépassant de beaucoup les avantages. En effet, le cheminement continuel dans l'abstrait, sans qu'on puisse se reposer assez souvent sur les faits concrets et facilement vérifiables, porte l'esprit débile à faire abus des mots et à ne plus voir les choses, à parler pour parler, à affirmer ce qu'il ne peut prouver, simplement parce que l'adversaire ne peut non plus prouver ce qu'il affirme : l'esprit débile tend à confondre la chose affirmée et la chose prouvée.

L'abus de la métaphysique (du séjour dans « l'arène des disputes sans fin ») peut faire perdre le sens de la preuve à l'esprit qui n'est pas assez nourri de science. Cette perte est chose très grave.

Celui qui a l'esprit scientifique, peut consacrer une heure sur cent ou sur mille à des études métaphysiques ; celui qui ne l'a pas, ne doit pas consacrer une seule minute à ces études.

A chacun de voir, dans quelle mesure il peut s'accorder le droit de faire de la métaphysique.

Très souvent, on paraît confondre deux choses que les savants, je ne dirai pas « opposent » mais « distinguent ». Je veux parler de l'*esprit critique* et de l'*esprit scientifique,* qui sont, dans la pensée des mieux qualifiés pour saisir la distinction, dans le rapport de la partie au tout.

L'esprit scientifique est le genre d'esprit qui permet de faire avancer la science. Or, on peut faire avancer la science, soit en ajoutant une vérité, soit en éliminant ou supprimant une erreur. (En fait, on voit que cette distinction a quelque importance.) Et l'on peut faire preuve d'esprit scientifique en jouant le premier rôle, ou en jouant le second : et l'esprit scientifique complet sait jouer les deux rôles. L'esprit scientifique est comme le tout ou l'ensemble des deux parties.

Si, au lieu de s'occuper à la découverte de vérités nouvelles, on s'occupe seulement à éliminer d'un ensemble d'affirmations ou d'apparences les erreurs qui s'y trouvent, si l'on cherche, dans un ensemble une fois donné, à faire le triage ou le départ du bon grain et du mauvais, du vrai et du faux, si l'on cherche à porter un jugement sain sur des choses données, on fait usage à ce moment-là de « l'esprit critique ». L'esprit critique est une partie de ce tout qu'on nomme l'esprit scientique.

Ainsi, l'esprit scientifique, entendu dans le sens large du mot, comprend deux parties. Dans la première, qui n'a pas reçu de nom spécial admis par tous — et qu'on pourrait nommer *esprit de découverte*, de recherche, d'investigation, d'invention, ou esprit d'imagination, parce qu'en effet l'imagination y joue un rôle important —, l'intelligence va de l'avant, pousse sa pointe à travers l'inconnu pour recueillir des matériaux à utiliser, c'est-à-dire des faits (que, souvent, elle imaginera avant de les observer), des causes et des lois (que, presque toujours, elle imaginera avant de les observer). Cette première partie de l'esprit scientifique, l'esprit d'imagination et de découverte, permet d'obtenir et produire — et pas seulement de ramasser — les matériaux bruts qui serviront à faire la science. Elle servira aussi à construire. C'est, pourrait-on dire, la partie proprement active.

Une fois la moisson scientifique faite dans des champs où la culture est nécessairement peu perfectionnée, il s'agit de séparer l'ivraie du bon grain, le vrai du faux. On ne peut semer pour des moissons nouvelles le grain tel qu'on l'a recueilli d'abord : « le geste auguste du semeur » serait un geste malheureux, puisqu'il donnerait la vie aussi bien à l'erreur qu'à la vérité. Alors, la seconde partie de l'esprit scientifique — c'est-à-dire *l'esprit critique*, ou de critique, de jugement — manifeste son action par la discussion ou la critique des matériaux bruts apportés. Et la critique porte non seulement sur les matériaux apportés par d'autres, mais encore sur ceux qu'on a découverts soi-même, sur les idées qui se sont présentées à l'esprit du chercheur. Critiquer les autres est utile; se critiquer soi-même est nécessaire.

La distinction faite ici entre les deux parties de l'esprit scientifique est, je crois bien, celle que les savants admettent sans l'énoncer; et c'est, tout au moins, celle qui ressort de ces lignes d'un connaisseur en la matière :

« Réduit à lui seul, il (l'esprit critique) n'est ni éveilleur d'idées, ni un stimulant de grandes choses. Sans lui, tout est caduc. Il a toujours le dernier mot. » (Pasteur).

Il semble que le terme « esprit critique » ait été employé surtout par les historiens. C'est que, en effet, les historiens (historiens des faits politiques, sociaux, littéraires, scientifiques, artistiques, etc.) ont souvent — ou plus souvent que les expérimentateurs — à exercer leur esprit sur des matériaux qui leur sont présentés sans qu'ils aient à les chercher. La moisson est faite : ils n'ont plus qu'à tirer des conclusions, à critiquer (pour construire ensuite). Les documents, entendus dans le sens large du mot, leur fournissent les matériaux bruts : ils n'ont qu'à discuter la vérité ou l'authenticité des documents, la vérité des affirmations implicites ou explicites qu'ils contiennent, la vérité ou le bien-fondé des conclusions ou des jugements analytiques et synthétiques portés par d'autres auteurs — ou par eux-mêmes, à l'occasion — sur les objets étudiés.

La critique n'est pas tout, pour l'historien (on aurait grand tort de le croire) : la recherche des documents et leur mise en œuvre dans la construction scientifique sont une partie importante de sa tâche. Mais, la critique tient dans l'histoire — et, d'une façon générale, dans toutes les sciences portant sur des faits passés qu'on ne peut reproduire — une place plus grande toutefois que celle, importante aussi, qu'elle occupe dans les sciences expérimentales. Dans ces dernières sciences, en effet, les phénomènes qu'on étudie ne sont pas entièrement enfermés dans le passé : on ne se contente pas des faits donnés, on appelle à l'existence des faits nouveaux, que l'on provoque ; on crée, pour ainsi dire, les matériaux sur lesquels portera l'étude.

Il y a, entre la méthode scientifique appliquée aux sciences historiques et d'observation, et la méthode scientifique appliquée aux sciences expérimentales, non des différences de nature, mais seulement des différences de degré ou de dosage des éléments constituants. La Méthode scientifique est une, et son corrélatif, l'Esprit scientifique, est un.

L'esprit scientifique n'est pas la même chose que *l'esprit d'érudition.*

Il est bon et juste d'établir une distinction entre

l'érudit et le savant. L'érudit peut, en effet, n'être pas savant ou l'être fort peu ; il paraît cependant impossible qu'on soit véritablement savant sans être érudit.

L'érudit, dans le sens généralement attribué au mot, est celui qui étudie les faits, en connaît beaucoup et les connaît bien.

L'érudit, lorsqu'il n'est qu'érudit, connaît les faits et ne connaît rien au delà. Si, pourtant, il consent à prendre connaissance des lois trouvées par d'autres et qui se rapportent aux faits qu'il amasse, l'effort accompli alors n'est pour lui qu'un accident dont il évite prudemment les suites. Il connaît des faits, mais il est étranger au monde. Il connaît les faits de sa science ; mais, sachant peu ou ne sachant pas comment ils se tiennent entre eux, il ignore complètement comment ils se rattachent aux faits des autres sciences et du monde. Sa vue est bornée : il ne voit pas au delà de ce que son bras peut atteindre. Pour lui, le monde est petit, parce que rien n'existe au delà de ce qu'il voit. Il vit dans le monde ; et l'on pourrait presque dire que le monde est pour lui comme s'il n'était pas. L'érudit, lorsqu'il n'est qu'érudit, amasse des matériaux qu'il ne saura pas ou ne pensera pas à mettre en œuvre : il possède des faits, mais c'est seulement une poussière de faits ; il possède des matériaux, des pierres, mais jamais il ne sera architecte. Il croit que le fait est tout : il ne sait pas qu' « un fait n'est rien par lui-même, il ne vaut que par l'idée qui s'y attache ou par la preuve qu'il fournit ». (Claude Bernard).

L'érudit, lorsqu'il n'est qu'érudit, est orné de latin — ou de grec, d'histoire, de chimie ou de zoologie, etc. — comme le paon est orné de plumes, sans grand mérite pour lui, sans grande utilité directe pour les autres (1). Il est fier de ses ornements, parce qu'il les prend pour signe de science, et qu'il se croit savant. Il se méconnaît, et parfois veut forcer les autres à le méconnaître. Il fait de la science comme d'autres font de l'épicerie, sans savoir au juste quelle est la fonction sociale qu'il remplit, ni la place occupée par ce qu'il étudie ou fait dans l'ensemble de la science et de l'action humaines, sans savoir ce qu'est l'esprit scientifique, qu'il invoque pourtant si volontiers et avec tant de conviction.

Les connaissances de détail accumulées ne jouent pas le même rôle chez le savant et chez l'érudit indigent, le savoir ne remplit pas la même fonction chez l'un et chez l'autre : « en quelque main, c'est un sceptre; en quelque autre, une marotte ».

Mais, l'érudit qui n'est qu'érudit — absolument que cela — n'existe probablement pas. Entre ce type idéal et celui du vrai savant, il y a tous les types intermédiaires. S'il y a de trop nombreux érudits qui n'ont qu'une teinte légère de science ou d'esprit scientifique, beaucoup d'autres comprennent

---

(1) Les matériaux accumulés par l'érudit sont nécessaires à l'élaboration scientifique. Ce qu'il ne sait pas utiliser pour la construction scientifique, d'autres l'utiliseront : avec les pierres apportées par lui, on construira l'édifice de la science. Sans érudit, pas de science. Mais, si l'érudit est nécessaire, il n'est pas nécessaire que l'érudit n'ait aucune teinte de science ou d'esprit scientifique.

ce qu'ils font et à quoi cela peut servir, beaucoup comprennent la science et en font véritablement.

Le savant qui n'est que savant — sans être érudit — n'existe pas. Mais le savant, lorsqu'il fait office de savant à proprement parler, s'occupe à produire les faits, et à construire avec les matériaux de l'érudition : il assemble, il ordonne, il lie, il organise. Il ne peut construire en l'air, avec du vent : il prend pour base l'observation, et, pour matériaux, les faits apportés par l'érudit, que cet érudit soit lui-même ou un autre. S'il recueille des faits, le savant sait pourquoi il le fait, à quel usage on pourra les employer, dans quel genre de construction on pourra les faire entrer ; quand il ne le sait pas, il fait effort pour le savoir. Il sait qu'elle est la place occupée dans l'ensemble par l'objet qu'il étudie. Il est savant parce qu'il a l'idée de l'ensemble de la science ou l'idée de la Science tout court.

L'érudit peut se présenter sous une forme voisine de la précédente, mais un peu différente.

Vu sous cet aspect, l'érudit reçoit ou prend au dehors, mais n'utilise pas en lui-même, n'assimile pas : il fait usage de sa mémoire, mais pas de son jugement et de son imagination. Il sait ce que d'autres ont trouvé et dit ; mais il ne peut trouver lui-même, il ne peut arracher de vive force à la nature ses secrets. Il possède une « suffisance livresque » ou une science livresque, mais non la science tout court. Il sait par cœur ; mais « savoir par cœur, n'est pas savoir ».

Et trop souvent, l'enseignement en général — et même l'enseignement supérieur — est institué de façon à former seulement des pseudo-savants, des érudits qui ne sont qu'érudits ; des gens qui savent les livres, mais pas la nature ; des gens qui peuvent retenir, mais non trouver, incapables, par suite, de faire avancer la science ; des gens qui ont la tête bien pleine, mais non bien faite (bien pleine d'éléments étrangers qu'ils garderont sans les assimiler vraiment, mais non bien faite pour juger et découvrir). On apprend aux élèves des « faits » et même des lois, en les énonçant pour eux en termes précis et clairs ; mais, trop souvent, c'est seulement par l'usage qu'on leur apprend les « méthodes » qui servent à découvrir les faits et les lois, en leur laissant le soin de trouver les énoncés et les développements, chose fort difficile, au-dessus des forces de l'élève.

On agit trop souvent, dans l'enseignement scientifique, d'une façon semblable à celle d'un professeur de littérature ou de grammaire qui dirait à ses élèves : « Vous voulez apprendre à écrire, à bien écrire ! Voyez ce que je fais, faites comme moi et les bons auteurs, et vous ferez bien », et qui, comme conclusion, refuserait d'enseigner les règles de la grammaire. L'élève, incapable de retrouver lui-même (1) les règles qu'il ne rencontrerait pas énoncées quelque part, avancerait lentement, et serait

---

(1) Au lieu de considérer l'élève tel qu'il est, on commence par le considérer comme un savant, — puisqu'on lui demande de déterminer et énoncer lui-même, ce que seul peut faire un vrai savant, les règles qui sont appliquées déjà dans la science.

toujours exposé à commettre quelque faute grossière.

A côté du « style » du chercheur de la science, style qui a toujours quelque chose de personnel, il y a la « grammaire » de la recherche scientifique, qui est faite de règles communes à tous les savants, quel que soit le domaine dans lequel ils cherchent, — grammaire dont, trop souvent, on applique les règles sans les énoncer, tandis qu'il vaudrait mieux les appliquer en les énonçant —. Aussi, la réforme de l'enseignement qui donnera, en France et ailleurs, des résultats vraiment appréciables et bons, sera, non pas celle qui fera enseigner tels faits au lieu de tels autres, mais celle qui, au lieu de faire enseigner à peu près exclusivement les « faits » que la mémoire retient, fera enseigner, à côté d'eux et d'une façon plus sérieuse, plus étendue et plus suivie qu'il n'est fait actuellement, les « méthodes » que le jugement apprécie et qu'il utilise dans la recherche de la vérité.

Tant que, au lieu de faire à la méthode scientifique la place du parent pauvre qu'on néglige et oublie, on ne lui aura pas fait une place honorable dans le domaine de l'enseignement — dans l'enseignement supérieur, en particulier —, les résultats obtenus seront déplorables.

CE QU'IL EST

L'Esprit scientifique est fait de qualités naturelles, que développe l'exercice, — en particulier l'exercice qui fait appliquer les règles de la Méthode scientifique.

La psychologie contemporaine tend à montrer l'importance de l'élément affectif (désir, passion, etc.) dans toute la vie humaine et l'action humaine. Pour que l'action soit forte et continue, il faut que la passion soit elle-même forte et continue. Pour qu'un chercheur agisse d'une façon constante, avec une ardeur toujours nouvelle, sans qu'il puisse être arrêté par les obstacles opposés à la recherche de la vérité, il faut qu'une passion le pousse. Cette passion est l'*amour de la vérité*, avec ses corrélatifs nécessaires, qui sont : la haine, l'horreur et la crainte de la contre-vérité (erreur ou mensonge).

Cette passion est comme le moteur de l'action, ou ce qui fournit l'énergie nécessaire à l'action. Mais, cette énergie peut être bien ou mal employée, l'action peut être bien ou mal dirigée : il faut donc un principe directeur de l'action ou des règles indiquant la

direction et la bonne route, des règles de *méthode*
— suivant l'étymologie du mot.

Celui qui possède ces règles de méthode et la volonté de les appliquer, a l'esprit scientifique.

De ce qui précède, on peut conclure que, théoriquement, il faudrait distinguer avec soin : celui qui a la passion de la vérité, de celui qui a l'esprit scientifique; celui qui aime la vérité et *veut* faire de la science, de celui qui possède l'esprit scientifique ou la méthode scientifique et *peut* faire de la science. Dans la pratique, la distinction perd de son importance; car, si l'on rencontre des individus chez qui l'amour de la vérité n'est pas accompagné de ou complété par l'esprit scientifique, par la possession des moyens permettant d'atteindre l'objet aimé, on ne rencontre guère d'homme à l'esprit vraiment scientifique qui n'ait en même temps l'amour de la vérité, la passion du vrai.

Aussi, parler de l'esprit scientifique sans parler de l'amour de la vérité, c'est parler de la lumière sans nommer le soleil : c'est être trop incomplet.

La qualité primordiale, celle dont toutes dérivent, ou autour de laquelle toutes viennent se ranger pour lui faire cortège, c'est l'*amour de la vérité* — je dirais volontiers « l'amour immodéré » de la vérité (1).

---

(1) Si la modération ou la mesure pouvait être bannie de quelque domaine, ce serait du domaine de l'amour de la vérité.

L'histoire, en effet, si elle nous fournit de nombreux exemples où l'on voit la faiblesse avec laquelle les hommes aiment la vérité

C'est parce qu'il aime la vérité et n'aime qu'elle, que l'homme de science la poursuit avec ardeur, avec constance, avec *ténacité;* qu'il maintient toujours en éveil sa *curiosité* et l'*attention* qui permet de saisir la vérité au passage ; qu'il lui *fait fête* quand il la trouve; qu'il veut la *communiquer* et la faire aimer aux autres ; qu'il craint toujours de posséder autre chose qu'elle, et d'être *crédule* — alors que, pensant tenir la vérité, c'est l'erreur qui le tient —; qu'il reste dans le *doute* tant qu'il n'a pas de preuves; que, pour être sûr de ne pas se tromper sur la valeur des preuves fournies, il les *critique* avec soin, les *examine librement,* c'est-à-dire sans admettre, en dehors d'elles, aucune *autorité* (autorité des *auteurs* humains ou divins, autorité des *préjugés* personnels ou *des idées préconçues,* autorité des *jugements* prétendus *infaillibles* et du *consentement universel,* autorité des *passions* qui faussent le jugement, autorité des *mots* cachant les choses). Aimant la vérité et craignant l'erreur, l'homme de science étudie et critique non seulement

---

causer des dommages individuels et collectifs ou sociaux, l'histoire, dis-je, montre peu d'exemples où l'immodération, le manque de mesure, dans l'amour de la vérité ait nui à l'humanité.

Socrate mourut pour avoir aimé la vérité au point de ne pas vouloir la renier devant la menace de la mort. Sa perte fut, il est vrai, une grande perte et un grand dommage pour l'humanité; mais peut-être ce dommage fut-il compensé largement par le bénéfice que l'humanité pouvait tirer de l'exemple. Peut-être, à l'âge qu'il avait atteint, ce professeur sublime, ce dresseur d'intelligences et de volontés ne pouvait-il donner au monde de meilleure et plus utile leçon que celle qui vient de sa mort.

les faits affirmés, mais encore les théories : celles des autres et les siennes propres. Il *se soumet aux faits* prouvés, mais non d'une façon absolue aux *explications*, dont la preuve n'est jamais faite d'une manière absolument définitive. L'exercice lui donne le *sens de la preuve* (et, par exemple, il ne tient pas pour une preuve l'*injure*), et aussi le sentiment de la *science qui se fait* et n'est jamais définitivement faite. L'amour de la vérité et la pratique de la science rendent le savant *modeste*, en lui faisant considérer le peu qu'il sait et combien il est difficile de savoir vraiment ; elles l'empêchent de prendre sur lui de parler et d'affirmer au nom de la science ; elles le rendent *tolérant*, parce qu'elles lui font voir que les plus grands n'ont pas été infaillibles, que son opinion n'a qu'une *probabilité* assez distante de l'évidence ou de la certitude, à peine plus grande que celle de l'opinion du contradicteur.

C'est parce qu'il aime la vérité et veut la posséder, que l'homme de science s'astreint à pratiquer les moyens ou *méthodes* permettant de l'atteindre, qu'il s'astreint à bien *poser les questions*, à bien *imaginer* les hypothèses explicatives et les lois (à les imaginer avec hardiesse), à bien les *vérifier* (à les vérifier avec la plus grande rigueur). C'est parce qu'il l'aime et prétend la posséder, qu'il affirme avec *prudence* — et dans la mesure même où les preuves sont fournies — reconnaître la vérité. C'est parce qu'il craint l'erreur, qu'il *ne parle que de ce qu'il connaît*.

C'est parce qu'il aime le vrai, que, pour avoir le moyen de l'obtenir, il *s'exerce* continuellement dans le travail de recherche, d'investigation, d'*imagination* de la vérité inconnue, et dans le travail de *critique* de la vérité qui est présentée.

Celui qui a la passion de la vérité, donnera tout son cœur, emploiera toutes ses forces, pour l'obtenir.

Si, dans l'étude d'une question déterminée, il est nécessaire de dépenser beaucoup de temps, beaucoup d'argent, beaucoup d'effort, la passion lui donnera le courage et les forces qu'il faut. Si, lorsqu'il a découvert dans la science une voie utile à parcourir, dans laquelle personne ne s'est engagé — ou peu de gens se sont engagés —, et qu'il a cru reconnaître que ses capacités spéciales trouveraient dans cette voie une orientation conduisant à des résultats utiles pous tous, si alors, dis-je, des obstacles se présentent qui barrent la route et opposent une résistance continue et forte, celui qui aime passionnément la vérité ne se laisse pas décourager par la résistance : la passion du vrai rend *tenace* et violent son effort pour ouvrir la brèche, et lui fait sacrifier à son idéal tout, la vie y comprise.

Celui qui a la passion du vrai, emploie ses forces à courir à la recherche de la vérité; mais il les emploie aussi à l'effort d'attention. Il maintient constamment en éveil sa *curiosité* et son *attention*, afin que la vérité ne puisse, alors qu'il paraît observer un repos relatif, passer devant lui sans qu'il la reconnaisse et la saisisse. Les faits insignifiants pour les autres hommes deviennent pour lui des faits instructifs. S'il est Galilée, il porte attention au mouvement d'oscillation d'une lampe, et il découvre la loi de l'isochronisme des petites oscillations. S'il est Newton, il porte attention au mouvement d'une pomme qui tombe, et il découvre la loi de la gravitation. Son œil est toujours ouvert sur la nature, son attention la scrute incessamment. Ce qui fait l'objet spécial de sa recherche, il l'étudie « en y pensant toujours » ou tous les jours ; la vérité particulière qui ne fait pas l'objet de sa recherche actuelle, il la saisit au passage, lorsqu'elle se montre : l'attention lui permet de le faire.

Celui qui a l'esprit scientifique et, par conséquent, l'amour du vrai, peut dire avec Montaigne :

« Je *festoye* et caresse la verité en quelque main que ie la treuve, et m'y rends alaigrement, et luy tends mes armes vaincues, de loing que ie la veoy approcher ».

Au contraire, quand on n'a pas l'esprit scientifique, « à chasque opposition, on ne regarde pas si elle est iuste ; mais, à tort ou à droict, comment on s'en desfera : au lieu d'y tendre les bras, nous y tendons les griffes ».

Ce qu'on aime, on voudrait le faire aimer aux autres ; et, pour qu'ils l'aiment, on veut le faire connaître, le *communiquer* : on en parle avec amour.

Il n'est aucun savant aujourd'hui qui consentirait

à dire, d'une façon très générale : « Si j'avais la main pleine de vérités, je me garderais bien de l'ouvrir ».

Tout au plus peut-il arriver à un savant de dire : « Telle vérité, si elle était connue de tel malfaiteur, serait employée par lui à un mauvais usage (fraude, crime, etc.) : je me garde de la lui offrir. »

Celui qui a la passion de la vérité, veut posséder elle et non autre chose, non sa contrefaçon. Il ne la reconnaît et ne l'accepte que si elle se montre en pleine clarté, si elle présente bien les signes qui lui sont propres, si elle apporte ses preuves, le plus de preuves possible.

D'où la conséquence suivante : tant qu'il n'a pas de preuves, il doute.

Et celui qui ne sait pas douter n'a pas l'esprit scientifique. Et celui qui ne doute pas souvent ne l'a guère : car il n'y a, dans notre science actuelle, que très peu de choses encore qui soient bien prouvées (1).

Le *doute* est le fond de la science (2); c'en est aussi le point de départ et le motif de départ. En effet, celui qui croit savoir ne cherche pas; et, ne cherchant pas, il ne peut trouver.

---

(1) Toutes choses égales d'ailleurs, de deux hommes qui parlent sur un sujet qui n'entre pas plus dans la spécialité de l'un que dans celle de l'autre, celui qui a l'esprit scientifique le plus développé est celui qui dit — ou pense — le plus grand nombre de fois dans un temps donné : « Je ne sais pas ».

(2) Il ne faut pas confondre le « doute » avec la « folie du doute » qu'on traite dans les asiles, — simplement parce qu'il ne faut pas confondre la sagesse avec la folie.

« Douter des vérités humaines, c'est ouvrir la porte aux découvertes; en faire des articles de foi, c'est la fermer ». (Dumas-Faraday).

« Rien n'est plus profitable aux progrès de la science et plus utile au savant que de pouvoir distinguer nettement ce qu'il sait de ce qu'il ne sait pas ». (Claude Bernard).

Savoir dire « je ne sais pas » ou « je sais mal », lorsqu'on ne sait pas ou qu'on sait mal, c'est faire preuve d'esprit scientifique, c'est en donner la meilleure preuve.

Aussi, les hommes, de n'importe quelle époque, qui ont su le dire sont, à des degrés divers, des esprits scientifiques. Socrate, qui affirma nettement : « tout ce que je sais, c'est que je ne sais rien », peut être considéré comme un précurseur par ceux qui prétendent posséder l'esprit scientifique. Et tous les savants ou penseurs de la Renaissance, et aussi des temps voisins, qui, n'ayant pas de preuves valables, ont su reconnaître qu'on ne savait pas et qu'ils ne savaient pas, et qui n'ont pas tenu pour preuves valables les affirmations des livres écrits et en général de l'autorité, qui ont voulu lire dans le grand livre de la nature et pas seulement dans

---

Celui qui a l'esprit scientifique « sait douter où il faut », et le doute n'entrave pas son action individuelle et sociale. Pour agir dans un sens donné, il n'a pas besoin (comme c'est le cas de celui qui n'a pas l'esprit scientifique) d'attribuer à la valeur de l'action qu'il se propose une probabilité de 100 0/0; il lui suffit, pour se déterminer, d'une probabilité supérieure à 50 0/0, — semblable, par exemple, à celles qu'on rencontre d'ordinaire dans la vie, probabilité de 70, 80, 90 0/0.

les livres imprimés, ceux-là (Léonard de Vinci, Bernard Palissy, Montaigne, Bacon, Galilée, Descartes, etc.) sont des précurseurs aussi. Ils ont eu, à des degrés divers, l'esprit scientifique.

Savoir et pouvoir douter, c'est avoir l'*esprit libre*. La liberté de l'esprit qui ne se laisse enchaîner que par les preuves, qui ne veut reconnaître comme amie que la vérité prouvée, est une conséquence directe de l'amour du vrai.

Si l'esprit ne se soumet qu'aux preuves, il doit *se soumettre* à elles, et se soumettre d'autant plus que les preuves sont plus fortes. Quand les vérités annoncées ou les faits avancés sont prouvés, il doit soumettre son jugement, il doit tenir les faits pour vrais et les accepter, et non se rebeller contre eux sous prétexte que ces faits dérangent ses théories. Entrer en révolte contre la vérité ou les faits prouvés, s'obstiner dans une opinion fausse, c'est faire montre d'esprit antiscientifique. « L'obstination et ardeur d'opinion est la plus seure preuve de bestise : est-il rien certain, resolu, dedaigneux, contemplatif, grave, serieux, comme l'asne ? » (Montaigne).

« Il faut savoir douter où il faut, assurer où il faut, et se soumettre où il faut », peut-on dire avec Pascal, — en attribuant à l'expression « se soumettre » un sens un peu différent de celui que l'auteur lui donne.

Quand des faits bien établis (1) ne concordent pas

---

(1) Les meilleures choses peuvent avoir des inconvénients.

avec une théorie ou idée préconçue, il faut aban-

La *soumission aux faits* peut, elle, avoir des inconvénients dans un cas : c'est lorsque les faits auxquels on se soumet sont mal connus ou faussement connus. On peut alors en appeler des faits mal connus aux faits mieux connus.

Comme exemples à l'appui de ce que j'avance, je citerai seulement deux cas, se rapportant, l'un à Newton, l'autre à Sainte-Claire Deville.

Dès 1666, Newton suppose que le mouvement des astres de notre système solaire, et plus particulièrement de la lune, pouvait être expliqué par une loi (par celle qu'on a nommée plus tard loi de la gravitation); et il pense à vérifier l'hypothèse imaginée. Or, comme élément entrant dans la vérification à faire, il y avait un fait (la longueur du méridien), un fait auquel il se soumit et qui ne concordait pas avec la théorie. Ce jour-là, il eut tort de se soumettre, parce que le fait, étant inexact, n'avait pas le droit de commander : le fait tel qu'il était alors connu, était mal connu.

Lorsque, plusieurs années après, l'Académie des Sciences de Paris eut obtenu une mesure plus exacte du méridien, le calcul fut repris, et la théorie fut vérifiée.

En 1856, Sainte-Claire Deville, ayant obtenu la cristallisation du silicium, dit, après examen du cristal, devant Sénarmont présent à son laboratoire : « Il appartient au système régulier, c'est un diamant de silicium ! » Sénarmont répète chez lui la mesure, et tire comme conclusion ce fait que le cristal — étant un rhomboèdre — n'appartient pas au système régulier. Sainte-Claire Deville se soumit au fait vérifié par Sénarmont. Ce jour-là, il eut tort de se soumettre, parce que la vérification avait été mal faite, parce que le fait avancé était inexact.

Un nouvel examen des cristaux fit voir un octaèdre ; et les deux savants — après avoir ainsi fait appel des faits mal connus aux faits mieux connus — se rangèrent également à la première opinion de Sainte-Claire Deville.

Il est bon d'ajouter que, s'il est possible de trouver des exemples montrant les inconvénients de la soumission absolue aux faits, il n'y a guère lieu, en pratique, d'en tenir compte, d'abord parce qu'ils sont extrêmement rares, ensuite parce qu'ils ne s'appliquent qu'à des grands esprits.

donner la théorie, ou, tout au moins, la tenir pour fausse (1).

Non seulement il faut se soumettre aux faits bien connus, qu'ils soient contraires ou non à une théorie précédemment admise, mais encore, lorsqu'on émet une théorie, il faut étudier avec le plus grand scrupule les faits auxquels elle se rapporte, chercher, en particulier, les faits qui pourraient lui être contraires, et ne se décider à porter un jugement qu'après la vérification la plus sérieuse et avec la critique la plus sévère.

« Croire que l'on a trouvé un fait scientifique important, avoir la fièvre de l'annoncer, et se contraindre des journées, des semaines, parfois des années à se combattre soi-même, à s'efforcer de ruiner ses propres expériences, et ne proclamer sa découverte que lorsqu'on a épuisé toutes les hypothèses contraires, oui, c'est une tâche ardue. » (Pasteur).

Cette tâche ardue n'est accomplie que par celui qui a vraiment l'esprit scientifique.

Celui qui aime la vérité, ne veut la reconnaître que lorsqu'elle apporte ses preuves. Les preuves apportées ne sont pas toujours également fortes, et pas toujours suffisantes : et la croyance du savant possède tous les degrés qui correspondent aux degrés de valeur des preuves apportées. Les choses

---

(1) On peut, en effet, tout en sachant fausse une théorie, continuer à s'en servir, tant qu'elle peut permettre de grouper des phénomènes vrais et qu'elle est le meilleur moyen connu qui permette de le faire.

sont vraies par elles-mêmes ; mais nous ne connaissons leur vérité que par les preuves qu'elles possèdent et qui sont fournies à notre esprit et s'imposent à lui. Et, si la vérité est absolue, notre croyance n'est que relative : nous croyons avec plus ou moins de force, suivant les circonstances ; et nous disons que les choses sont plus ou moins probables, ou que la vérité de ces choses est plus ou moins probable. L'esprit scientifique est donc porté à donner à chaque affirmation une *probabilité* particulière, un tant pour cent de probabilité (60 0/0, par exemple), variable et dépendant à chaque moment des preuves fournies.

Celui qui trouve tout également sûr ou également probable, n'a pas l'esprit scientifique. Celui qui attribue à toutes les affirmations qu'il émet des probabilités très élevées, presque équivalentes à la certitude ou à l'évidence, celui-là est un affirmateur imprudent, qui ne possède pas le sens de la preuve, qui n'a pas l'esprit scientifique.

Celui qui aime la vérité et craint l'erreur, celui-là est *prudent dans ses affirmations*. Il n'affirme vrai rien qui ne soit prouvé, et ne s'opiniâtre pas à affirmer vrai ce qui est démontré faux : il pense que « l'affirmation et l'opiniastreté sont signes exprès de bestise ».

L'affirmation sans preuve, ou la faculté d'affirmer sans preuves est une caractéristique de l'esprit antiscientifique. Cette faculté déplorable peut être proprement nommée la *crédulité*.

J'appelle « crédule » l'esprit qui croit, qui croit avec force (je ne dis pas « qui suppose, qui admet jusqu'à preuve du contraire et avec une probabilité faible »), qui affirme qu'une chose est vraie ou qu'elle est fausse sans avoir de preuves valables. Ce qui caractérise la crédulité, c'est le fait d'affirmer sans preuves; mais, que l'affirmation porte sur la vérité ou sur la fausseté, c'est tout un. Si, lorsqu'on parle d'un fait extraordinaire ou prétendu surnaturel, je vois deux hommes affirmer sans preuves (je dis « sans preuves »), l'un que le fait est vrai, l'autre qu'il est faux, je trouve qu'ils sont tous deux pleins de crédulité (1). La seule différence à établir entre les deux est que : on pourra dire du premier, qu'il possède la crédulité positive ou « affirmatrice », et du second, qu'il possède la crédulité négative ou « négatrice » (2) — s'il est permis d'employer de pareils néologismes.

Celui qui aime la vérité, ne veut la reconnaître que lorsqu'elle apporte ses preuves; mais il est disposé à la reconnaître chaque fois qu'elle le fait. Les preuves fournies à un moment donné de l'évolution de la science étant toujours imparfaites, l'esprit scientifique consent toujours à examiner les

---

(1) Si, en droit ou logiquement, les deux affirmateurs — celui qui affirme vrai et celui qui affirme faux — sont également crédules, en fait, on doit constater que celui qui affirme faux est d'ordinaire beaucoup plus instruit que celui qui affirme vrai.

(2) L'erreur de celui qui nie sans preuves est facile à expliquer. Elle vient de ce qu'il n'a pas pris soin de distinguer et

nouvelles preuves qu'on apporte — que celles-ci confirment ou infirment le jugement déjà porté —. Le véritable homme de science ne se croit pas infaillible, et ne croit personne infaillible.

L'*infaillibilité* n'existe dans aucun domaine, pas même dans le domaine où l'on s'attend le plus facilement à la trouver, dans les mathématiques. On a, en effet, cité en divers lieux un certain nombre de paradoxes mathématiques (c'est-à-dire d'affirmations mathématiques apparemment vraies qui sont réellement fausses, ou d'affirmations apparemment fausses qui sont réellement vraies) ; et j'ai moi-même pris plaisir, dans des travaux précédents, à en signaler quelques-uns.

Rien autre que les preuves de vérité, ne peut fixer le jugement de celui qui aime le vrai et veut le connaître. Rien ne le peut, ni *l'autorité* d'une parole prétendue infaillible (*parole* humaine ou divine), ni l'autorité des *passions*, ni celle des *mots*, ni l'autorité d'une *idée préconçue* ou d'un *préjugé*.

---

séparer le fait et l'explication du fait (v. Favre : *La Méthode dans les Sciences expérimentales*, p. 393, sqq.).

Il admet *à priori* — et à tort — que le fait et la manière dont tel individu l'explique, ne peuvent être séparés. Alors, voyant que tel individu explique le fait cité à l'aide de moyens surnaturels, il rejette et l'explication (ce qui est absolument scientifique) et le fait (ce qui ne l'est pas).

Il faut étudier séparément le fait et l'explication, prouver successivement les deux choses, et critiquer successivement les preuves de l'une et celles de l'autre, afin de voir si les deux doivent être rejetées, ou si, au contraire, le fait peut être conservé, quand l'explication ne doit pas l'être.

Tout jugement antérieur, tout préjugé dans le sens large du mot, est sujet à revision, chaque fois que des preuves nouvelles sont apportées par des gens compétents.

Sans idée préconçue, sans hypothèse, la science ne peut avancer. Mais, s'il faut se servir de l'idée préconçue, il ne faut pas se laisser dominer par elle. L'idée préconçue est un excellent serviteur ; mais c'est un maître abominable.

Si tout jugement scientifique est sujet à revision — comme, d'ailleurs, tout jugement de quelque ordre qu'il soit —, la science est dans un perpétuel devenir. Continuellement, des faits nouveaux ou nouvellement observés sont étudiés, qu'on doit juger, et aussi des faits anciens ou déjà connus reçoivent des preuves nouvelles, qui portent à confirmer ou infirmer le jugement primitif, et à lui attribuer une nouvelle probabilité, un nouveau coefficient de probabilité. La science n'est pas faite : elle se fait. Elle se fait un peu chaque jour, par le jeu du double mécanisme d'acquisition et de revision qui vient d'être indiqué. Celui qui croit la vérité fixée, fixée pour toujours et sans variation possible, celui-là n'a pas l'esprit scientifique. Celui qui l'a, au contraire, montre à chaque moment qu'il possède ce qu'on pourrait nommer le sens ou le *sentiment de la science qui se fait.*

La vérité se présente, le plus souvent — et toujours, lorsqu'elle nous est offerte par un autre homme —, habillée de *mots*. Celui qui aime la vérité, la dépouille de ses vêtements et ornements, pour la voir en pleine lumière : sous le mot, il veut voir la chose, parceque c'est elle seule qu'il veut tenir. Celui qui a l'esprit scientifique se sert de mots pour habiller la pensée, et le fait parce qu'il ne peut faire autrement. Mais, s'il se sert de mots, il ne se paye pas de mots. Toujours il cherche l'arbre sous l'écorce, il casse l'os pour sucer la moelle, il sépare la paille des mots du grain des choses.

En dehors des qualités qui font ou commandent l'attitude et l'action du savant, qui le poussent à la recherche de la vérité et le mettent en garde contre l'erreur à tous les moments de la recherche et de la vie, il reste à considérer les règles, plus ou moins spéciales, qu'il doit suivre aux différents moments de la recherche. Aimer la vérité et craindre l'erreur, posséder le doute scientifique et toutes les qualités énumérées plus haut qui dérivent de cet amour et de cette crainte, cela n'est pas tout : cela pousse à l'action et prépare la marche ; mais cela ne dirige pas la marche, ne donne pas à chaque moment du travail la direction à suivre, la règle à pratiquer, la méthode à employer.

L'esprit scientifique complet possède : et les qualités nécessaires pour rester toujours, vis-à-vis de la vérité et de l'erreur, dans l'*attitude* qui convient le mieux, et les règles de *méthode* qui permettent d'avancer.

« Sous la diversité des objets et même des méthodes particulières à chaque discipline, il y a pourtant une manière de penser qui est commune à toutes, de certaines règles de méthode qui s'imposent à l'esprit humain dans toutes ses recherches. » (A. Croiset).

Ces règles générales de la méthode scientifique se rapportent à différents chapitres. Ces chapitres, je les ai traités, je les traiterai, et nous les traiterons encore longuement ailleurs (1). Je dirai donc, ici, peu de choses sur ce point.

Celui qui a l'esprit scientifique sait : 1° *quel genre de questions il doit poser*, 2° *comment il faut poser les questions*, 3° *comment il faut résoudre les questions.*

Il sait que, en tout sujet, les questions qu'il doit poser sont des questions de *fait*, de *cause prochaine ou seconde*, de *loi*, — de *méthode*.

« Les recherches sur la cause première ne sont pas du domaine de la science. Elle ne connaît que ce qu'elle peut démontrer, des faits, des causes secondes, des phénomènes. » (Pasteur).

« La Méthode expérimentale ne se préoccupe pas de la cause première des phénomènes qui échappe à ses procédés d'investigation... C'est donc seulement aux causes secondes qu'elle s'adresse, parce qu'elle peut parvenir à en découvrir et à en déterminer les lois ». (Claude Bernard).

---

(1) L'exposé de ces règles (toujours les mêmes) de la méthode scientifique et de leurs applications (diverses) est l'objet même qui est et sera traité dans les volumes des diverses « bibliothèques des Méthodes » que j'ai fondées.

« Le véritable objet des sciences physiques n'est pas la recherche des causes premières, mais la recherche des lois suivant lesquelles les phénomènes sont produits. » (Biot).

Celui qui a l'esprit scientifique, sait que les questions de fait sont posées pour qu'on puisse aboutir à des lois. Il sait que les lois sont utiles à connaître, parce qu'elles permettent de prévoir les faits, et que prévoir c'est, dans une large mesure, pouvoir, c'est pouvoir produire des effets utiles.

« La science positive... *décompose l'expérience actuelle*, puis, à l'aide des éléments ainsi obtenus, *elle compose l'expérience future.* » (Liard).

Comme le « fait » est la seule chose que l'homme puisse constater, la méthode scientifique doit toujours ramener les questions de loi et de cause à des questions de fait, — afin que la vérification soit possible.

Pour découvrir les causes et les lois des phénomènes, il faut : se poser des questions, observer les faits, imaginer des hypothèses, et vérifier celles-ci, en instituant des expériences qui conduisent à des faits vérifiables ou qu'on puisse constater, et en profitant des expériences qui sont pour ainsi dire instituées par la nature et que la comparaison permet d'utiliser.

Et la Méthode scientifique indique la *manière de poser les questions*, la *manière d'observer*, la *manière d'imaginer* et *de vérifier* (instituer les expériences, et tirer les conclusions). Et celui qui possède l'esprit scientifique complet sait pratiquer ces diverses opérations. Et pour savoir les pratiquer, il ne compte pas seulement sur le jeu spontané de ses tendances ou dispositions naturelles : il exerce celles-ci, et les applique avec soin au travail de position des questions, d'observation, d'imagination et de vérification.

La Méthode scientifique appliquée à la *recherche de la vérité* dans tous les domaines, est ce que j'ai dit.

La Méthode scientifique appliquée à la *production* de résultats utiles dans les domaines industriel, esthétique, des choses de la vie courante, etc., possède les mêmes bases (ce que nous montrons dans les « bibliothèques » indiquées). Les méthodes de recherche ou de connaissance et les méthodes de production sont semblables au fond, ayant pour origine commune l'esprit humain. La manière de savoir aboutit ou conduit naturellement à la manière de pouvoir.

La Méthode scientifique appliquée à l'*enseignement*, et à l'éducation en général, possède les mêmes bases ou le même point de départ que les méthodes de recherche et les méthodes de production. Comme elles, la méthode d'enseignement dérive du jeu de l'esprit humain, est basée sur lui. Et la connaissance du jeu, normal et anormal, de l'esprit humain — qui est « la psychologie » — est de la plus grande importance, pour établir les règles que trace la Méthode scientifique et que suit l'Esprit scientifique.

COMMENT L'ENSEIGNER ET LE PRODUIRE

L'esprit scientifique complet comprenant deux parties, « l'esprit d'imagination » et « l'esprit critique », il faut exercer l'un et l'autre.

Si la connaissance des faits et des lois est chose non seulement utile, mais encore nécessaire et d'importance primordiale pour les applications à faire, ce n'est pas cette connaissance qui peut avoir pour vertu propre de développer l'esprit scientifique. L'esprit d'imagination et l'esprit critique ou de jugement sont autre chose que la capacité d'emmagasiner des faits dans la mémoire : ils sont des capacités ou des pouvoirs actifs, qui se développent par l'exercice.

L'esprit critique de l'élève ou du chercheur sera exercé, d'une façon systématique, en mettant l'élève ou l'apprenti chercheur en face des faits affirmés, en face des hypothèses et des explications émises, en face des expériences instituées par d'autres, en face de leurs conclusions, en face des mémoires et travaux originaux des savants. L'élève critiquera. Il critiquera non seulement les travaux des autres, mais encore les siens propres.

« Qu'on l'instruise sur tout à se rendre et à quitter les armes à la verité, tout aussitost qu'il l'apercevra, soit qu'elle naisse ez mains de son adversaire, soit qu'elle naisse en luy mesme par quelque radvisement. .... Qu'on luy fasse entendre que de confesser la faulte qu'il descouvrira en son propre discours, encores qu'elle ne soit apperceue que par luy, c'est un effect de iugement et de sincerité, qui sont les principales parties qu'il cherche. » (Montaigne).

L'exercice de critique est trop rarement pratiqué aujourd'hui : il n'est pas du tout pratiqué dans l'enseignement secondaire, et l'est peu, et d'une façon pas assez systématique, dans l'enseignement supérieur.

Dans l'enseignement supérieur, en particulier, « au lieu d'écarter de ses leçons tout ce qui est douteux, contesté, le professeur prendra soin d'y appeler l'attention de ses auditeurs, et de leur exposer sincèrement les raisons des opinions contraires. Même pour les théories qui lui seront le plus chères, il indiquera les points faibles, signalera les objections. » (Bréal).

L'esprit d'imagination aussi sera exercé, d'une façon systématique, en mettant l'élève ou l'apprenti chercheur en face des faits connus, et en l'invitant à trouver des rapports nouveaux dans une direction donnée. On lui apprendra à manier l'analogie, pour imaginer les hypothèses, et en général pour imaginer les faits à observer, les causes et conditions explicatives, les lois, les expériences à instituer, les méthodes, etc. On lui fera établir, en partant de faits connus, des projets de recherches scientifiques (qu'il exécutera ou n'exécutera pas), d'actions à imposer à la nature (qu'il appliquera ou n'appliquera pas).

Cet exercice de l'imagination permettant de trouver des solutions convenables à des problèmes posés, peut paraître à certains impossible ou fantaisiste, parce qu'il paraît nouveau. Or, il n'est pas nouveau. Dans le domaine des sciences dites appliquées, des arts et des industries, l'exercice est pratiqué constamment et partout.

Ainsi, l'élève architecte, et, d'une façon générale, l'apprenti ingénieur, sont constamment invités à imaginer des solutions pour les problèmes qu'on leur pose, à établir des projets de travaux qu'ils n'exécuteront jamais. L'apprenti clinicien et thérapeute institue, pour des malades donnés, des projets de traitement qu'il ne sera pas appelé à leur appliquer. L'agronome établit des projets de travaux qui ne seront jamais exécutés. L'apprenti dramaturge s'exerce à trouver des dénouements pour des pièces qui ne seront jamais jouées, ni même écrites. L'apprenti musicien apprend la composition, c'est-à-dire apprend à imaginer, sur un thème donné ou sur une forme donnée, des développements conformes à l'idéal conçu ou imposé : et cette musique écrite ne sera jamais exécutée. Et ainsi de suite pour les divers arts, les diverses industries, etc.

Dans le domaine des sciences pures, l'exercice de l'imagination est pratiqué aussi, mais bien plus rarement, et d'une façon qui n'est guère systématique. On apprend à l'étudiant à exercer son imagination dans la composition de morceaux littéraires (1), qui sont comme des projets qu'on n'exécutera jamais, quand, par exemple, il s'agit d'imaginer un discours ou une lettre écrits par un homme mort depuis plusieurs siècles — Démosthène ou Racine — Le maître aide l'élève dans l'exercice de son imagination, et le guide aussi.

Si l'Esprit scientifique et la Méthode scientifique sont une même chose, exercer l'un, c'est exercer l'autre, enseigner l'un, c'est enseigner l'autre.

Or, pour enseigner la Méthode scientifique, rien n'est meilleur que de faire connaître, en les montrant à l'œuvre, les méthodes déjà employées (méthodes de recherche, méthodes d'enseignement, méthodes de production). L'étude critique des méthodes employées, faite systématiquement, permettra, d'abord de faire comprendre en quoi elles consistent, ensuite d'imaginer des méthodes nouvelles ou des applications nouvelles de méthodes connues.

« Indiquer comment on a pu, dans un cas donné,

---

(1) On pourrait dire, il est vrai, qu'il s'agit ici, non de science pure, mais de science appliquée, puisque, au lieu de rechercher simplement les faits et les lois de l'expérience passée et présente, on s'occupe d'appliquer les connaissances acquises à la construction d'objets nouveaux, de compositions nouvelles.

Mais alors, l'institution d'une expérience, étant une construction nouvelle, une application de connaissances acquises à l'obtention du concret, appartient aussi au domaine des sciences appliquées : et ce domaine se trouve ainsi tellement étendu que la science tout entière peut, semble-t-il, y entrer. — Il n'est plus alors besoin de montrer que l'exercice systématique de l'imagination peut être pratiqué en dehors de ce domaine, puisqu'il n'y a rien qui soit en dehors.

aborder un fait, par quelle méthode on a pu vaincre la difficulté qui se présentait dans l'étude, c'est, par cela même, indiquer comment on pourra (en modifiant seulement d'une façon minime le procédé employé dans ce premier cas) vaincre les difficultés semblables, les difficultés de même genre et d'espèce différente.

« Il convient de montrer, pour chaque méthode, ce qu'elle a d'essentiel et en même temps de général ou qu'il soit possible d'appliquer d'une façon générale ; il faut que le mécanisme de chaque méthode soit pour ainsi dire démonté, afin que l'élève distingue bien à quel usage est destinée chacune des parties principales, et, voyant ce à quoi on l'a employée, puisse déterminer ce à quoi il l'emploiera utilement.

« Dans la recherche scientifique, dans le combat contre l'ignorance et contre l'erreur, une méthode n'est pas une arme qui s'use ou se détériore dans un premier usage : bien au contraire, elle se perfectionne, elle s'aiguise — si l'on peut ainsi parler — quand on l'emploie, et elle est prête toujours pour de nouveaux usages ».

Tant que l'étude systématique des méthodes n'aura pas pénétré dans l'enseignement (dans l'enseignement supérieur, en particulier) plus que cela ne se voit aujourd'hui, nous serons exposés à former — à côté de quelques véritables hommes de science — beaucoup de ces apprentis qu'on a parfois nommés, d'une façon un peu brutale, mais vraiment expressive, « des idiots savants » et que

Montaigne appelait « des asnes chargés de livres ».

« Qui a l'éducation tient l'avenir », disait Leibniz. Tâchons de tenir bien l'avenir.

Pour que l'étude porte tous ses fruits, pour que son rendement soit maximum, la Méthode scientifique veut qu'on étudie au moyen des procédés les plus conformes aux besoins de l'esprit.

Or, les abstractions sont difficiles à saisir et retenir. Si l'esprit qu'on nourrit de choses abstraites ne peut quelquefois, et souvent, se reposer sur le concret, il perd pied — si l'on peut ainsi parler — : il retient difficilement, et ne comprend pas ou comprend bien peu. Par suite, chaque fois qu'on le pourra, c'est-à-dire presque toujours, on fera intervenir le concret, qu'on posera près de l'abstrait, afin qu'il soutienne celui-ci. Et, chaque fois qu'on le pourra, on présentera le concret d'abord, et l'abstrait ensuite. Avec le mot, on présentera la chose : on fera voir, ou sentir dans le sens large du mot.

A côté de la science pure, on mettra la science appliquée, et, d'autre part, à côté des sciences théoriques, on mettra les sciences pratiques ou les arts.

On « nous a habitués à trop séparer, dans notre enseignement à tous les degrés, la doctrine de l'application. Il faut, au contraire, les réunir. Dès l'école primaire, il faut montrer l'application dans la science et la science dans l'application, et il faut maintenir cette méthode unitaire dans toute la hiérarchie de notre enseignement. » (Maurice Lévy).

On montrera que la théorie et la pratique ne sont

jamais en contradiction, en contradiction réelle (1). Lorsqu'il y a contradiction apparente dans un cas donné, c'est simplement que la théorie et la pratique n'examinent pas en réalité le même problème : le problème pratique — ou tel que la nature le présente — contient toujours un plus grand nombre de conditions qu'il n'est possible à l'homme d'en énoncer lorsqu'il pose un problème abstrait. Le problème de la nature et le problème posé par l'homme, n'ayant pas les mêmes données, sont différents : les solutions peuvent donc être différentes sans qu'il y ait contradiction.

Vouloir donner aux autres l'esprit scientifique sans prendre soin de leur enseigner systématiquement les méthodes, c'est vouloir l'impossible — ou à peu près —. Vouloir que l'étudiant se cantonne dans un laboratoire sans se préoccuper de ce qu'on fait dans les autres laboratoires et dans les autres sciences, c'est vouloir qu'il ne connaisse que bien peu de méthode, et qu'il ne comprenne que bien peu la science et bien peu la méthode. S'il ne va jamais vers la pleine science et la pleine lumière, l'étudiant possède une vue qui va se rétrécissant, un œil qui s'atrophie; et, lorsque, par hasard, la lumière éclate devant lui, il est ébloui : il ne voit pas. Rendez-lui sa petite lampe !

L'esprit scientifique n'est pas l'esprit de telle ou

---

(1) Les esprits superficiels semblent se réjouir de cette prétendue contradiction, et cela d'autant plus qu'ils sont plus superficiels.

telle science particulière, mais l'esprit de la science en général. Aussi, pour avoir l'esprit scientifique, il faut avoir fait au moins quelques incursions dans des domaines autres que celui qu'on cultive spécialement. Bien connaître une science, est une condition importante pour avoir l'esprit scientifique; mais ne s'intéresser absolument à rien autre, est une condition pour ne pas l'avoir, — et cela, d'abord, parce qu'il est impossible de bien connaître une science, si l'on ne sait rien en dehors d'elle.

Pour développer l'esprit scientifique, il est bon de développer le goût des études accessoires et accidentelles à faire dans les domaines voisins de la spécialité qu'on a choisie, et, en général, dans tout le domaine de la science. En même temps, il faut développer le goût des idées générales, qu'on prendra soin de baser sur des idées particulières elles-mêmes bien assises. Il faut éviter de mériter le reproche qu'A. Comte faisait aux savants de son temps.

« De plus en plus livrés à cette inévitable tendance (à la spécialisation aveugle), les savants proprement dits sont ordinairement conduits, dans notre siècle, à une insurmontable aversion contre toute idée générale, et à l'entière impossibilité d'apprécier réellement aucune conception philosophique.... Une philosophie directement émanée des sciences trouvera probablement ses plus dangereux ennemis chez ceux qui les cultivent aujourd'hui. La principale source de ce déplorable conflit consiste dans la spécialisation aveugle et dispersive qui caractérise profondément l'esprit scientifique actuel. » (A. Comte).

« Des spécialités, sans aucun doute, il en faut dans la science. Le champ est trop vaste pour n'être pas divisé et subdivisé. Mais la spécialité n'est pas la séparation; la distinction n'est pas l'isolement. Plus au contraire la science pénètre dans le détail infini des choses, plus sont nécessaires les points de repère et les vues d'ensemble. Le spécialisme exclusif est une meule qui pulvérise les idées. Il lui faut un correctif, les conceptions générales. La spécialité étroite, qui ne se rattache pas à des idées plus larges, ne saisit qu'un tout petit coin de la réalité, sans la comprendre, car la comprendre, c'est la relier à l'ensemble. »(Liard).

Bien que, inspirer le goût des idées générales et des connaissances autres que celles d'une seule spécialité, ce soit contribuer au développement de l'esprit scientifique, il n'est pas à recommander à tous les élèves de s'orienter vers les études vraiment encyclopédiques. Pour l'avancement de la science, les spécialistes (spécialistes ayant des clartés de tout, bien entendu) doivent être beaucoup plus nombreux que les encyclopédistes (encyclopédistes ayant des connaissances suffisamment approfondies dans une spécialité au moins, bien entendu). Il faut l'association et la coopération des uns et des autres, puisqu'il y a eu partage ou division du travail total entre les deux groupes de travailleurs. Sans spécialistes, pas de science; mais des élucubrations fantaisistes. Sans encyclopédistes, pas de science véritablement constituée; mais seulement des éléments pour la science à faire.

« Si l'on veut sérieusement chercher la vérité, il ne faut pas s'appliquer à une seule science; elles se tiennent toutes entre elles et dépendent mutuellement l'une de l'autre. » (Descartes).

Mais, peut-on vraiment être encyclopédiste, ou posséder des connaissances encyclopédiques ? Oui.

« Toutes les sciences sont tellement liées ensemble qu'il est bien plus facile de les apprendre toutes à la fois que d'en apprendre une seule en la détachant des autres. » (Descartes).

Il est possible de les apprendre toutes, parce qu'il est une chose commune à toutes, la méthode. Connaissant la méthode, on connaît, par cela seul, une partie de toutes les sciences ; il ne reste plus qu'à apprendre leurs faits.

Peut-on posséder des connaissances encyclopédiques ?

Si, par « connaissances encyclopédiques », on entend des connaissances approfondies et parfaites portant sur toutes les sciences et sur tous les chapitres et sous-chapitres de ces sciences, connaissances telles qu'on sache sur chaque point de détail autant que le spécialiste qui a passé toute sa vie à creuser le sujet, en lisant tout ce qu'il a pu lire et en faisant des recherches personnelles, si, dis-je, on entend par « connaissances encyclopédiques » des connaissances telles que, afin de les acquérir il faille, rien que pour lire les travaux publiés, un temps égal ou supérieur à la durée de cent vies humaines, il est absurde de supposer qu'un homme puisse les posséder.

Si, par « connaissances encyclopédiques », on entend des connaissances telles — sur chacune des principales parties du savoir — que l'on puisse comprendre ce que les spécialistes écrivent, et telles qu'on puisse rapidement se mettre au courant d'une question quelconque — traitée par d'autres, ou qu'on devra traiter soi-même — afin d'en tirer des conclusions utiles pour la philosophie des sciences, je dis qu'il est possible d'avoir des connaissances encyclopédiques.

Pour les obtenir, il faut d'abord posséder une curiosité toujours en éveil et un vif désir de connaître; il faut aussi avoir commencé assez jeune — alors que l'intelligence est encore assez souple — à cultiver son esprit dans le sens indiqué.

Il est possible d'obtenir des connaissances encyclopédiques; mais cela n'est pas facile pour tous. Il faut, chez l'élève, des qualités naturelles; il faut, chez le maître, du soin et de la méthode; il faut, dans l'enseignement, d'autres principes et d'autres pratiques. L'enseignement qui convient le plus à l'objet présent, est celui qui, au lieu de fournir une sorte de catalogue de faits juxtaposés — qui sont comme une poussière mobile et légère, impossible à retenir, aussitôt envolée que saisie, poussière aux grains innombrables et dont la masse est énorme —, l'enseignement qui convient le mieux, dis-je, est celui qui porte sur les principes (qui sont peu nombreux et d'une application assez fréquente pour qu'on ne les perde pas de vue) et sur les méthodes (qui se réduisent à peu de chose, lorsqu'on veut les considérer dans leur ensemble et voir ce qu'elles ont de commun dans toutes les sciences). Il est possible d'obtenir des connaissances encyclopédiques, parce que toutes les connaissances se tiennent, parce qu'il y a unité de l'intelligence, unité de la science et unité de la méthode — comme l'ont bien vu : Descartes d'abord, puis Leibniz et d'autres plus voisins de nous.

Celui qui, suffisamment doué de dispositions naturelles, voudra, non pas seulement meubler son esprit, mais le fortifier et le munir d'armes pour la chasse aux vérités, celui-là ira goûter les enseignements des diverses disciplines et des divers maîtres : il ira écouter ceux-ci, étudier leurs méthodes ou leurs techniques, travailler dans tel laboratoire puis dans tel autre, en passant d'une Faculté ou École à une autre, toujours curieux, et comparant toujours ce qu'il a vu et appris antérieurement à ce qu'il voit actuellement. Cette manière de faire procure de très vives satisfactions — j'en suis certain —, et donne aussi des résultats utiles.

« Ces tâtonnements, ces changements de maître, ces courses un peu aventureuses éveillent et ouvrent l'intelligence, pendant que beaucoup d'entre nous sont tentés de s'endormir sur les rails en ligne droite qui les portent. » (Bréal).

Les tendances vers l'encyclopédisme, la réaction contre le spécialisme à outrance, le besoin d'idées générales jointes aux idées et aux points de vue des spécialistes, se manifestent de plus en plus. Et, soit dans le livre, soit dans les réunions scientifiques, on discute les moyens d'obtenir des résultats importants dans la voie ou le domaine indiqué. Qu'on parle d' « enseignement intégral », ou d' « enseignements communs à diverses Facultés » (enseignements qu'il faudrait établir en France, en particulier), ou qu'on préconise même, dans un Congrès international de l'Enseignement supérieur, la suppression des Facultés séparées (proposition de M. Monod), c'est toujours au fond le même but qu'on vise : la suppression des abus du spécialisme entraînant comme conséquence la disparition ou l'affaiblissement de l'esprit scientifique. — L'enseignement commun à toutes les Facultés est, essentiellement et d'abord, l'enseignement de ce qu'il y a de commun dans toutes les sciences, c'est-à-dire de la Méthode scientifique.

Et l'enseignement de ce qu'il y a de commun à toutes les sciences (Méthode scientifique et Esprit scientifique) est ce qui a préoccupé les sociologues qui veulent, non seulement connaître les sociétés, mais encore agir sur la société et les individus, sur le plus grand nombre possible d'individus. L'enseignement populaire supérieur d'A. Comte visait en somme l'enseignement et l'éducation de l'esprit scientifique ou positif. Les diverses sociétés d'enseignement populaire, qui semblent aujourd'hui viser surtout la distribution de connaissances d'utilité pratique, paraissent avoir eu d'abord pour objet l'enseignement des connaissances d'utilité spéculative, c'est-à-dire de connaissances présentées surtout comme devant être utiles à la formation de l'esprit.

Quant à l'extension universitaire actuelle, on a pu définir ainsi son but et ses tendances :

« Ce qui caractérise l'extension universitaire proprement dite, c'est l'effort pour faire pénétrer l'essentiel de *l'esprit scientifique* dans toutes les classes de la société » (proposition de MM. Monod, Croiset, etc., acceptée par les Congrès internationaux — réunis — de l'Enseignement supérieur et de l'Enseignement secondaire, Paris, 1900).

Cette « honnête curiosité de s'enquérir de toutes choses », qui est propre à développer ou produire l'esprit scientifique, peut faire porter son action (comme on le montre ailleurs), non seulement dans le domaine des sciences et des lettres, mais encore dans celui des arts et beaux-arts, des industries, des choses de la vie courante, dans le domaine de l'action, etc., c'est-à-dire dans tous les domaines.

La curiosité éveillée chez l'élève persistera chez le savant, et l'on peut dire, avec Diderot :

« Heureux le géomètre en qui une étude consommée des sciences abstraites n'aura point affaibli le goût des beaux-arts, à qui Horace et Tacite seront aussi familiers que Newton, qui saura découvrir les propriétés d'une courbe et sentir les beautés d'un poète, dont l'esprit et les ouvrages seront de tous les temps et qui aura le mérite de toutes les académies ! Il ne se verra point tomber dans l'obscurité, il n'aura point à craindre de survivre à sa renommée ».

CHEZ QUI ON LE TROUVE (1)

L'esprit scientifique est fait de dispositions naturelles, développées et fortifiées par l'exercice.

Par suite, on le trouve chez ceux qui ont su joindre à quelques dispositions naturelles l'exercice nécessaire pour les développer, l'exercice de toutes les qualités constitutives. Parmi ces qualités ou dispositions qu'on doit exercer, se trouve, au premier rang, la disposition à ne rien croire ou affirmer qui ne soit prouvé — ou à examiner librement et à critiquer.

C'est pourquoi, on trouve plus facilement l'esprit scientifique chez ceux qui s'entraînent à ne jamais croire sans preuves, que chez ceux qui croient certaines choses sans preuves, ou — ce qui revient au même — qui admettent comme preuve l'autorité d'une parole, divine ou humaine.

L'esprit d'autorité ou de foi étant directement contraire à l'esprit critique ou scientifique, il semble

---

(1) Cette question demanderait, pour être traitée convenablement, des développements assez étendus. Ne pouvant lui consacrer ici que quelques lignes, je poserai la question, plutôt que je ne la résoudrai.

à priori qu'on ne puisse trouver les deux chez le même individu. L'expérience montre cependant que la chose arrive quelquefois, exceptionnellement : certains hommes, en effet, parviennent, au moyen d'une méthode ou d'un artifice ingénieux, non pas à concilier les deux esprits (qui sont inconciliables), mais à les juxtaposer dans le temps. Quelques savants parmi les plus grands — Pasteur, par exemple — sont parvenus à opérer en eux une sorte de dédoublement de la personnalité, qui leur permet de juxtaposer et faire alterner l'homme de science et l'homme de foi. Alors, l'homme de science (ne croyant qu'aux preuves) exerce son action dans le domaine de la science positive, et l'homme de foi (croyant sans preuves) exerce la sienne dans le domaine de l'inconnu et de l'inconnaissable.

Tant qu'il s'agit de questions qui appartiennent nettement et seulement à l'un des deux domaines, ces grands esprits peuvent paraître conserver une certaine cohérence mentale, un certain accord avec eux-mêmes. Mais, lorsqu'il s'agit de questions traitées à la fois par la science positive et par telle religion ou tel dogme, le conflit s'élève, et il faut choisir : il faut montrer si l'on se soumet aux preuves ou à l'autorité, si l'on est véritablement, et avant tout, homme de foi ou homme de science. Si l'on est Galilée, et qu'on trouve sur son chemin une question scientifique traitée déjà par des livres saints et qu'on veuille étudier soi-même, il faut se décider, il faut prendre parti pour la foi ou pour la science, il faut choisir entre les deux solutions différentes.

Choix cruel! pour celui qui prétend être en même temps homme de foi et homme de science.

Il est une manière simple de tourner la difficulté indiquée, c'est de ne pas s'y exposer, c'est de ne jamais s'occuper de questions où le conflit est possible, c'est, en particulier, de ne jamais s'occuper de questions résolues par le dogme, c'est de croire sans vouloir étudier. C'est ainsi que plus d'un savant et plus d'un écrivain de la Renaissance a voulu faire, et que plus d'un savant des temps modernes et contemporains, du xixe siècle, en particulier, a fait. C'est ainsi que Pasteur (si j'en crois un homme bien placé, semble-t-il, pour être informé) a fait, n'ayant jamais trouvé ou pris le temps de s'occuper positivement de religion ou de dogme, absorbé qu'il était par ses recherches scientifiques.

Chercher à juxtaposer dans un même individu, et sans les confondre, l'esprit scientifique et l'esprit d'autorité ou de foi, c'est ce que les amateurs de jeux appelleraient : « jouer la difficulté ». Ce jeu est extrêmement difficile : seuls les grands savants sont capables de s'y livrer avec succès. Ceux qui, comme vous et moi, étant dépourvus de l'envergure de ces protagonistes, voudraient le pratiquer, y perdraient leur latin et le reste. Ils ne pourraient être jamais ni tout à fait hommes de science, ni tout à fait hommes de foi : les deux personnalités ne se succéderaient pas, ne se juxtaposeraient pas avec netteté, mais empiéteraient constamment l'une sur l'autre, déteindraient — si l'on peut ainsi parler — l'une sur l'autre.

Si vous voulez que l'esprit scientifique se trouve en vous — et si vous n'êtes pas déjà un véritable savant, ien entendu —, veillez aux suites de l'exercice qui consiste à s'imposer de croire sans preuves ou contre es preuves. (Un homme prévenu est un homme fort). Pour l'objet visé, vous obtiendrez plus facilement des résultats favorables par l'exercice contraire au précédent, qui consiste à demander toujours des preuves, et à déterminer la valeur de chacune, autrement dit : à n'affirmer rien qui ne soit prouvé, et à fixer pour chaque affirmation une probabilité qui soit en rapport exact avec la valeur de la preuve fournie.

Si vous faisiez autrement, vous auriez assurément plus de mérite à posséder l'esprit scientifique; mais vous auriez aussi moins de chances de l'obtenir et de le conserver.

CE QU'IL DOIT ÊTRE ET DOIT FAIRE (1)
(ROLE, UTILITÉ)

L'esprit scientifique doit nous permettre, et nous permet, d'atteindre la science en général, et, en particulier, la connaissance du but que l'homme doit se proposer et des moyens qu'il a d'y parvenir. Il nous fait savoir et pouvoir.

L'homme doit se proposer dans la vie un double but.

Premièrement, il doit tendre au perfectionne-

---

(1) En parlant de ce que l'esprit scientifique doit être et doit faire, je serai conduit à dire ce qu'il sera et fera.

Lorsque je dirai cela, je parlerai en mon nom, et pas au nom de la science, celle-ci ne m'ayant jamais confié l'importante mission de suppléer son éloquence.

En second lieu, si j'attribue à la justesse de mes vues sur le sujet une probabilité très grande, je ne veux pourtant pas me présenter comme le prophète infaillible.

En troisième lieu, je ne dirai pas l'année précise et le jour précis où mes vues se réaliseront — et où ma science devra faire faillite, si elles ne se réalisent pas —. Je n'ai pas les éléments suffisants pour déterminer aussi exactement que cela la solution du problème.

ment complet (physique, intellectuel et moral) de l'individu, et de tous les individus ou de la société humaine.

Secondement, il doit tendre à donner à chacun le bonheur ou le maximum de bonheur possible.

Si le but est double, si l'homme se propose deux fins, ces deux fins différentes ne sont pas contraires, mais plutôt complémentaires.

En effet, le bonheur doit être cherché dans le perfectionnement des individus, et dans la possession des méthodes ou moyens qui sont propres à l'obtenir et à satisfaire aux besoins nés de ce perfectionnement.

Le perfectionnement de l'individu, au point de vue physique, contribue au bonheur, en donnant : la santé physique, et aussi la force nécessaire au travail qui permet d'obtenir les moyens de perfectionner l'individu.

Le perfectionnement de l'individu, au point de vue intellectuel, contribue au bonheur, en donnant : d'abord la santé intellectuelle, et aussi la connaissance des moyens qui permettront d'obtenir, de la nature et de l'homme, les plus grands résultats avec le moindre effort ou la moindre dépense possible de la part de tous les agents. — Il faut savoir pour pouvoir.

Plus le perfectionnement intellectuel sera grand, plus devront être grands le loisir et les moyens dont l'individu disposera pour se perfectionner encore et satisfaire les besoins intellectuels accrus.

Le perfectionnement de l'individu, au point de

vue moral, contribue au bonheur commun, en donnant : d'abord la santé morale, puis le désir de faire participer nos semblables aux bienfaits physiques, intellectuels et moraux que le perfectionnement permet d'obtenir pour tous. Ce désir, ce besoin de se dépenser pour les autres, portera à l'action ceux qui l'éprouvent, et conduira à chercher les méthodes ou moyens d'obtenir le résultat avec le moindre effort possible. Le besoin de « vivre pour autrui » sera, en même temps, une marque et un fruit du perfectionnement moral.

Qu'il s'agisse de perfectionnement physique, intellectuel ou moral, il faut, pour l'obtenir, connaître les méthodes ou moyens propres à cela, propres à la production d'un effet donné. La connaissance de ces moyens est une connaissance scientifique — si l'on peut employer ce pléonasme — : elle est matière de science, son étude est soumise à la méthode scientifique, et, pour la bien faire, il faut avoir l'esprit scientifique. Non seulement la connaissance du moyen, mais encore, à mon avis, la connaissance du but de la vie humaine, sont choses proprement scientifiques.

L'esprit scientifique, qui permet de connaître ce qui est vrai et ce qui est utile pour l'individu et la société, et qui nous fait voir qu'il faut viser le perfectionnement de l'individu, nous donne aussi les moyens d'obtenir ce perfectionnement. Il nous conduit à exercer toutes nos facultés : celles du corps, celles de l'esprit et celles du cœur. Il nous conduit à voir que l'éducation, qui doit préparer à la vie individuelle et sociale, doit viser à faire de chacun de nous un homme complet.

On voit quel est, quel doit être, et quel sera de plus en plus le rôle de l'esprit scientifique et de la méthode scientifique.

A côté des phénomènes psychologiques — ou de sensibilité dans le sens le plus large du mot (sensations, idées, passions) — qui sont choses particulières à l'individu, il y a l'action, individuelle et sociale, qui dérive de cette sensibilité envisagée sous ses diverses formes. L'action de chacun doit, dans la mesure du possible, se porter dans les différents domaines, et chacun doit favoriser l'action des autres dans les divers domaines.

Et la méthode scientifique doit être employée dans l'étude des moyens d'action les plus efficaces et les meilleurs à tous les points de vue.

L'homme de science, qui sait en quoi consiste le perfectionnement dans les divers domaines et comment on peut l'obtenir, ne restreindra pas son action au domaine de l'intelligence pure et individuelle : il la fera porter aussi dans le domaine de la vie sociale. Il ne se contentera pas de savoir, il voudra être utile : il essayera de perfectionner la puissance de l'homme, et, par suite, ne dédaignera pas de s'occuper d'applications diverses, industrielles et agricoles, par exemple (1).

---

(1) Les meilleures choses peuvent avoir des inconvénients, et les sentiments les plus nobles peuvent conduire à des abus

Il essayera de perfectionner la santé physique, et, par suite, ne dédaignera pas de s'occuper d'applications hygiéniques et médicales.

« J'ai résolu de n'employer le temps qui me reste à vivre à autre chose qu'à tâcher d'acquérir quelque connaissance de la nature, qui soit telle qu'on en puisse tirer des règles pour la médecine, plus assurées que celles qu'on a eues jusqu'à présent ». (Descartes).

Il essayera de perfectionner la santé intellectuelle, et, par suite, ne dédaignera pas de s'occuper de méthode — de la méthode appliquée aux sciences, aux industries, aux arts, etc., et, en particulier, aux choses de la vie courante.

Il essayera de perfectionner la santé morale et l'action morale ; et, par suite, il ne dédaignera pas de regarder vivre, penser et souffrir les autres hommes, et de chercher les moyens propres à obtenir qu'ils vivent et pensent mieux et qu'ils souffrent moins.

---

nuisibles à la société, lorsqu'on veut, en particulier, en tirer des conséquences qu'ils ne comportent pas ou n'impliquent pas

C'est un sentiment des plus nobles que celui du savant qui — pensant que, si la science doit aider à vivre celui qui la cultive, elle ne doit pas aller jusqu'à l'enrichir — éprouve de la répugnance pour l'enrichissement. En France, où ce sentiment est répandu, on en tire souvent, et injustement, cette conséquence qu'il est médiocrement honorable de s'occuper d'applications industrielles devant conduire à des bénéfices. Aussi, l'industrie française, privée du secours des plus savants, de ceux qui pourraient le plus faire pour elle, tend-elle de plus en plus à perdre le rang qu'elle a occupé déjà et qu'elle devrait occuper encore : aussi, l'industrie humaine tout entière ne progresse-t-elle pas comme elle devrait le faire. (*A suivre.*)

Et l'on voit des savants, citoyens du monde et de leur plus petite patrie, qui pourraient dire avec le poète, en termes peu différents de ceux-ci :

« Tout souffle, tout rayon, ou propice ou fatal,
Fait reluire et vibrer mon âme de cristal,
Mon âme aux mille voix, que le Dieu que j'adore
Mit au centre de tout comme un écho sonore ».

La spéculation scientifique n'est pas ennemie de l'action ou de l'activité en général, bien qu'elle soit logiquement indépendante d'elle. Elle n'est pas non

---

Je dis que le sentiment d'où découle cette conséquence est vraiment noble : il faut donc conserver le sentiment. Je dis que la conséquence qu'on en tire est déplorable : il faut donc n'en pas tirer cette conséquence. Or, il est très simple d'accorder les deux choses, c'est-à-dire de conserver le sentiment sans en tirer la conséquence qui empêche le savant de s'occuper d'affaires industrielles : on peut y arriver de deux façons différentes.

On peut faire comme Pasteur : laisser dans le domaine public les inventions industrielles faites, et, par suite, n'en tirer aucun bénéfice personnel. On peut faire comme tel de ses disciples : tirer un bénéfice personnel de l'invention faite, et appliquer les bénéfices de l'invention à la création de laboratoires ou autres institutions utiles, qui permettront à la science, à l'industrie et à l'hygiène de progresser.

On a le droit — peut-être le devoir — de ne pas vouloir la richesse pour soi. On n'a pas le droit de ne pas la vouloir pour son pays et l'humanité, et de refuser (j'entends, refuser systématiquement) de participer directement au développement de la puissance humaine.

Afin de contribuer à vaincre la répugnance de l'homme de science, j'ai voulu montrer que la science et l'industrie sont au fond une même chose, puisqu'elles ont la même méthode, la méthode scientifique. C'est pour cela que j'ai fondé la « Bibliothèque des Méthodes dans les Industries », dans laquelle on verra le fait apparaître avec netteté.

plus opposée aux actions spéciales que comporte la vie de chacun, et à la recherche et à l'obtention de l'*utile*.

« L'esprit scientifique n'est inutile dans aucun métier ». (Lavisse).

L'amour du *vrai*, qui est la passion maîtresse de l'esprit scientifique, loin d'être ennemi des qualités qui font l'âme grande, s'accorde fort bien avec l'amour du *beau* et du *bien*, et avec l'action qui en dérive.

« L'homme qui a, jusque dans les plus petites choses, l'horreur de la tromperie et même de la dissimulation, est, par là même, éloigné de la plupart des vices et préparé à toutes les vertus ». (Gaston Paris).

Celui qui a l'esprit scientifique, et qui, par conséquent, sait et voit mieux que les autres, celui-là peut et doit montrer le bon chemin à ceux qui sont moins éclairés. En le faisant, il aurait le droit de dire, ou de penser :

« Je fais mon devoir de flambeau ». (V. Hugo).

Les savants ont de tout temps senti l'importance de la morale et du bien.

« Je n'ai traversé la métaphysique et les sciences que pour arriver à la morale ». (Leibniz).

Le rôle de la science et de l'esprit scientifique dans le domaine moral, et dans celui de l'action morale et sociale (dans les choses de la vie courante), qui le touche et le suit, est aperçu de plus en plus nettement par ceux qui sont vraiment pourvus de science et d'esprit scientifique.

« La science, en déracinant, partout où elle s'implante, les préjugés, causes de tant de haines, et les superstitions, sources de tant de crimes, défriche le champ où pourra germer et fleurir la semence que trop d'épines étouffent, que trop de rocailles stérilisent ». (Gaston Paris).

« Tous, tant que nous sommes, nous avons été élevés avec des mots et des passions : que ne gagnerions-nous pas à prendre l'habitude scientifique de raisonner sur des faits, de considérer chaque problème comme devant avoir sa solution particulière, et de reléguer au magasin des accessoires tous les préjugés, toutes les formules, tous les fétiches qui font parfois de nous des impulsifs dangereux ». (Duclaux).

« Toute utilité sociale dérive de la science, envisagée sous ses formes multiples, qui comprennent le domaine entier de l'esprit humain, dans l'ordre moral, intellectuel et artistique, aussi bien que dans l'ordre matériel ». (Berthelot).

De toutes parts, les sociologues viennent qui s'efforcent de trouver dans la science une base à la morale individuelle et sociale — c'est-à-dire à la connaissance du bien et à l'action humaine qui la suit —. Auguste Comte, en particulier, a consacré une bonne partie de ses forces aux travaux sociologiques préparatoires. D'autres l'ont suivi avec ardeur : ils marchent après lui, quelques-uns dans la même voie, la plupart dans des voies différentes mais parallèles.

La solidarité des générations humaines est aperçue.

L'humanité marche et avance. La science progresse, et l'esprit scientifique le fait aussi — quoique trop lentement.

Ce que l'esprit scientifique doit être ! Il doit être de plus en plus développé et de plus en plus ferme.

Ce qu'il doit faire ! Il doit étendre son action, en largeur et en profondeur, dans tous les domaines, afin qu'on voie, avec *le vrai*, régner *le beau* et *le bien*.

Ce que Pascal disait de « l'opinion » ou de « l'imagination », et Montaigne, de « la coutume », on pourra le dire un jour de « l'Esprit scientifique » et de « la Méthode scientifique ».

Celle-ci sera « royne et emperiere du monde ».

RÉSUMÉ

Je résume ici ce que j'ai dit, et non ce que j'aurais pu et dû dire. Les deux choses sont différentes.

En effet, d'abord je n'ai vu — j'en ai la conviction — qu'une partie du sujet. Ensuite, de cette part que j'ai vue, je n'ai traité qu'une partie, ne voulant pas donner à ce travail un développement beaucoup plus grand que celui que le lecteur s'attend à trouver.

C'est l'Esprit scientifique qui fait la science. Et c'est l'Esprit scientifique un et la Méthode scientifique une qui font l'unité de la Science.

L'esprit scientifique est le genre d'esprit qui permet de faire avancer la science en découvrant la vérité et en rejetant l'erreur — et, par conséquent, en suivant les règles de la Méthode scientifique qui conduisent à l'obtention de ce résultat.

On dit, de celui qui possède ce genre d'esprit, qu'il a l'esprit scientifique ou qu'il est un esprit scientifique.

L'esprit scientifique complet aurait toutes les qualités qui permettent d'appliquer toutes les règles de la méthode scientifique. Et la méthode scientifique serait complètement appliquée par celui dont l'esprit et le cœur possèdent toutes les qualités nécessaires pour cela.

L'esprit scientifique complet posséderait toutes les qualités au plus haut degré. Il n'est, je crois, personne chez qui l'une des qualités ne soit absente ou, tout au moins, insuffisamment développée. On observe tous les degrés de l'esprit scientifique, et, en particulier, les degrés qui sont le moins élevés.

L'esprit scientifique complet aurait toutes les qualités indiquées ci-dessous et quelques autres encore. Il serait dépourvu de tous les défauts mentionnés.

L'esprit scientifique — aimant passionnément la vérité, et voulant la connaître, en connaître toujours plus — sera *curieux* de toutes choses; il poursuivra avec *ténacité* la vérité, en maintenant toujours en éveil l'*attention* qui permet de ne pas la laisser échapper, quand on passe près d'elle.

Quand il aura trouvé la vérité, accompagnée de preuves, il lui *fera fête* et voudra la *communiquer* aux autres, afin qu'ils la connaissent, qu'ils l'aiment et lui fassent fête aussi.

Quand la prétendue vérité se présentera sans preuve, il refusera de la reconnaître : il restera dans le *doute*, jusqu'à ce que les preuves aient été fournies.

Lorsque de prétendues preuves seront présentées, l'esprit scientifique, n'étant *pas crédule*, ne les croira bonnes qu'après les avoir *critiquées* avec soin, qu'après les avoir *examinées librement*. Il croira, non les hommes, mais les preuves : il croira les preuves, et elles seulement, et non l'*autorité*, quelle que soit la forme sous laquelle celle-ci se présente (autorité des *auteurs* humains ou divins, autorité des *préjugés* personnels ou des *idées préconçues*, autorité des *jugements prétendus infaillibles* et du *consentement universel*, autorité des *passions* qui faussent le jugement, autorité des *mots* cachant les choses, autorité de l'*injure* présentée comme preuve, etc.)

Lorsque les preuves critiquées auront été reconnues valables, il *se soumettra* : il se soumettra pleinement et sans arrière-pensée. Il distinguera la *preuve du fait*, qui peut être établie avec une force très grande, de la *preuve de l'explication*, qui n'est jamais établie qu'avec une force moindre.

En critiquant les preuves, il verra qu'elles ont des degrés différents de force probante, et que les faits qu'elles soutiennent sont, par conséquent, plus ou moins probables, inégalement probables. Il essayera d'attribuer à ses différentes affirmations les *probabilités* (tant 0/0) qui leur correspondent en raison des preuves fournies. Il affirmera dans la mesure où il a des preuves : il sera *prudent dans ses affirmations*.

L'esprit scientifique possède donc, en un mot, le *sens de la preuve*. Il possède le sentiment de l'évolution scientifique ou — si l'on peut ainsi parler — le *sens de la science qui se fait* et n'est jamais faite.

Ne voulant pas donner pour vérité ce qui est erreur, il *ne parlera que de ce qu'il connaît*.

L'esprit scientifique, voyant combien la vérité est difficile à saisir, sera modeste et tolérant. Il sera *modeste*, il ne se croira pas infaillible, parce qu'il aura remarqué que tous les savants étudiés ont failli. Il sera *tolérant*, pour les prétendues erreurs et envers les hommes qui les soutiennent, parce qu'il aura constaté que ce qui passe auprès de tous pour vérité à un moment quelconque de l'évolution scientifique n'est parfois qu'une erreur déguisée en vérité (erreur classique), tandis que ce qui passe pour erreur n'est parfois qu'une vérité pas encore prouvée : il permettra à Galilée de dire que la terre se meut, et de prouver son dire.

L'esprit scientifique — aimant la vérité et voulant la connaître — fera, pour y parvenir, tout ce que lui impose une méthode rigoureuse.

Il ne *posera*, ou ne voudra résoudre, que les questions qu'il peut résoudre (*questions de fait, de cause prochaine, de loi, — de méthode*).

Il *posera bien les questions*.

Il *observera bien les faits*.

Il *imaginera bien les hypothèses* explicatives et les lois. (Le savant est un poète).

Il *vérifiera bien les hypothèses*.

Et, pour parvenir à bien poser les questions, bien observer, bien imaginer et bien vérifier, il *s'exercera* continuellement aux travaux de recherche ou *d'imagination* et aux travaux de *critique*.

Pour enseigner l'esprit scientifique et le produire ou l'établir dans les intelligences, il faut que le maître prenne soin de faire exercer les facultés qui le constituent ou le produisent, c'est-à-dire : la curiosité qui cherche et veut savoir, savoir beaucoup et bien ; l'imagination qui invente, qui trouve et crée ; le jugement qui critique et vérifie.

La mémoire — faculté qui est actuellement cultivée presque seule, et au détriment de la curiosité, de l'imagination et du jugement — devra être remise au rang qui lui convient, rang secondaire, il est vrai, mais important encore.

Les qualités de l'esprit scientifique seront acquises par l'exercice des facultés dont le jeu est soumis aux règles de la Méthode scientifique. Et l'exercice sera fait et ces règles seront apprises, par l'étude faite du passé de la science, et par l'essai personnel de l'élève. Le maître, en indiquant quels moyens, quelles méthodes, ceux qui furent savants employèrent dans leurs travaux (dans tels et tels de leurs travaux, qu'on analysera), fera voir les règles dans l'application qui en a été faite, les en dégagera. L'élève ne se contentera pas d'une connaissance mnémonique ; pour connaître vraiment et pleinement les règles dégagées et énoncées pour lui par le professeur, l'élève s'exercera personnellement à les appliquer, à les pratiquer — et aussi à les trouver et les énoncer, et les critiquer.

L'esprit scientifique se trouve plus facilement qu'ailleurs chez celui qui n'accepte jamais, en quelque domaine que ce soit, aucune autre autorité que celle des preuves. Celui-là (qui a peut être moins de mérite, parce qu'il a moins de difficultés à vaincre) n'est pas gêné par des attaches qui ne sont pas scientifiques, il a ses mouvements complètement libres : il n'a pas à opérer cette sorte de dédoublement de la personnalité dont j'ai parlé plus haut, il n'a pas, lorsqu'une des personnalités est en plein travail, à s'occuper de repousser l'intervention ou l'intrusion de l'autre.

L'esprit scientifique doit être, et sera, de plus en plus puissant chez chacun de nous. Il pourra subir des éclipses passagères, il pourra être soumis à des oscillations paraissant l'écarter de la voie du progrès ; mais toujours il y reviendra.

Progressant chez chacun de nous, l'esprit scientifique progressera dans l'humanité, dans la vie sociale. Là aussi, il subira des oscillations et des éclipses ; mais la courbe d'ensemble établie en utilisant les positions moyennes sera nettement ascendante.

Son domaine s'agrandira d'une façon constante, en surface et en profondeur. Tout ce que l'homme fait, tout ce qu'il pense, doit tendre à se soumettre aux lois de l'esprit et de la méthode scientifiques. Non seulement la science pure et appliquée, mais encore les industries, les arts et beaux-arts, la morale comme le commerce et toutes les autres branches de l'intelligence et de l'activité humaines, devront accepter les lois de l'esprit.

L'esprit scientifique — qui peut commander à la nature dans la mesure où il connaît ses lois et sait s'y soumettre — peut, et doit, commander aux œuvres humaines.

Un jour l'esprit scientifique commandera à tout. Son règne est de ce monde.

FIN

TABLE DES MATIÈRES

	Pages
La Science, l'Esprit scientifique et la Méthode scientifique.	5
L'Esprit scientifique :	
Définitions.	8
Ce qu'il n'est pas.	10
Ce qu'il est.	30
Comment l'enseigner et le produire.	40
Chez qui on le trouve.	63
Ce qu'il doit être et doit faire (rôle, utilité).	67
Résumé.	76

Paris. — Imp. P. Mouillot, 13, quai Voltaire.

BIBLIOTHÈQUE
DES
MÉTHODES
DANS LES
SCIENCES EXPÉRIMENTALES
PUBLIÉE SOUS LA DIRECTION DE

LOUIS FAVRE

PAR

LA LIBRAIRIE C. REINWALD

SCHLEICHER FRÈRES, ÉDITEURS

15, Rue des Saints-Pères, 15, Paris

Notre but est de contribuer à l'avancement des sciences expérimentales. Notre moyen consistera à mettre à la disposition de l'homme de science — et principalement du commençant — les méthodes nécessaires pour la marche en avant.

Ces méthodes se rapportent soit à la recherche ou à la découverte, soit à l'enseignement. Méthodes de recherche et méthodes d'enseignement doivent être connues.

Chaque volume de la collection réunira les principales méthodes déjà employées dans la science dont il traite, méthodes dont l'exposé se trouve actuellement disséminé dans un grand nombre de livres et de mémoires : elles seront groupées d'après leurs ressemblances, et l'auteur s'efforcera de dégager l'esprit de chacune.

Dans une découverte faite, il y a deux choses à voir : le fait même découvert — qui appartient déjà au passé de la science —, et la méthode ayant servi à le découvrir — qui appartient plus encore à l'avenir de la science qu'à son passé —. Chacun des faits de la nature n'a pas une essence particulière : chacun, au contraire, a des rapports essentiels et des ressemblances avec d'autres faits. Les faits sont, si l'on veut, d'espèces différentes, mais les espèces différentes peuvent être classées dans des genres groupant ensemble les espèces voisines, et souvent aussi dans des groupes plus larges. Indiquer comment on a pu, dans un cas donné, aborder un fait, par quelle méthode on a pu vaincre la difficulté qui se présentait dans l'étude, c'est, par cela même, indiquer comment on pourra (en modifiant seulement d'une façon minime le procédé employé dans ce premier cas) vaincre les difficultés semblables, les difficultés de même genre et d'espèce différente.

Il convient de montrer, pour chaque méthode, ce qu'elle a d'essentiel et en même temps de général ou qu'il soit possible d'appliquer d'une façon générale : il faut que le mécanisme de chaque méthode soit pour ainsi dire démonté, afin que le lecteur distingue bien à quel usage est destinée chacune des parties principales, et, voyant ce à quoi on l'a employée, puisse déterminer ce à quoi il l'emploiera utilement.

Dans la recherche scientifique, dans le combat contre l'ignorance et contre l'erreur, une méthode n'est pas une arme qui s'use ou se détériore dans un premier usage : bien au contraire, elle se perfectionne, elle s'aiguise — si l'on peut ainsi parler —, quand on l'emploie, et elle est prête toujours pour de nouveaux usages.

S'il est de bonnes méthodes, il en est aussi de mauvaises, ou plutôt, de mal appliquées, qui ont conduit non à la vérité, mais à l'erreur. Quand ces mauvaises méthodes ont été employées par nombre d'excellents esprits qui les croyaient bonnes, il est utile de les signaler, afin que chacun se garde d'en faire usage.

Dans un fait découvert, ce qui doit intéresser l'homme de science, ce n'est pas tant le fait même, le fruit produit au jour, que la méthode de culture qui a fait fructifier la semence de vérité. Le fait découvert, c'est déjà le passé de la science : tournons-nous vers son avenir. Efforçons-nous de préparer cet avenir et de rendre féconde la semence.

Il y a deux façons d'enseigner la science : celle qui consiste à indiquer *principalement* les faits découverts (elle convient à l'enseignement élémentaire), et celle qui consiste à indiquer *principalement* les méthodes qui ont permis et permettront de découvrir (elle convient à l'enseignement supérieur). La première manière est à peu près seule appliquée actuellement dans les livres : c'est l'application de la deuxième manière que nous comptons faire ici, pour toutes les sciences déjà expérimentales, et pour celles qui tendent à le devenir.

Il sera fait pour les Sciences mathématiques, les Sciences littéraires et les Industries, et pour l'Histoire des Méthodes, ce qui est fait dans la présente collection pour les Sciences expérimentales, et ce qui a été fait ailleurs pour les Beaux-Arts et les Choses de la vie courante.

www.ingramcontent.com/pod-product-compliance
Lightning Source LLC
LaVergne TN
LVHW050636090426
835512LV00007B/875